CB017862

O PROFESSOR REFÉM

TANIA ZAGURY

O PROFESSOR REFÉM

PARA PAIS E PROFESSORES ENTENDEREM POR QUE FRACASSA A EDUCAÇÃO NO BRASIL

7ª EDIÇÃO

EDITORA RECORD
RIO DE JANEIRO • SÃO PAULO
2006

Cip-Brasil. Catalogação-na-fonte
Sindicato Nacional dos Editores de Livros, RJ.

Z23p
7ª ed.

Zagury, Tania, 1949-
    O professor refém: para pais e professores entenderem
por que fracassa a educação no Brasil / Tania Zagury. –
7ª ed. – Rio de Janeiro: Record, 2006.

    ISBN 85-01-07465-9

    1. Educação – Brasil. 2. Avaliação educacional – Brasil.
3. Professores e alunos – Brasil. I. Título.

                 CDD – 370.981
06-0500   CDU – 37(81)

Capa: Renato Zagury
Foto da autora: Rodrigo Lopes

Direitos exclusivos desta edição reservados pela
EDITORA RECORD LTDA.
Rua Argentina 171 – Rio de Janeiro, RJ – 20921-380 – Tel.: 2585-2000

Impresso no Brasil

ISBN 85-01-07465-9

PEDIDOS PELO REEMBOLSO POSTAL
Caixa Postal 23.052 – Rio de Janeiro, RJ – 20922-970

EDITORA AFILIADA

Aos professores que atuam nas salas de aula,
heróis anônimos, que, com todas as
incríveis dificuldades atuais, continuam sua
luta diária por um Brasil melhor.

Agradecimentos

A todos os professores que, espontânea e entusiasmadamente, cederam preciosos minutos de seu escasso tempo para colaborar no estudo, agradeço a disponibilidade, a franqueza e honestidade com que formularam suas respostas, sem as quais não teria realizado esse objetivo.

À dra. Antonia Petrowa, doutora em Ciências da Comunicação pela USP e professora-adjunta da Faculdade de Educação da UFRJ, agradeço pela eficiência na validação de conteúdo do instrumento da pesquisa, mas especialmente pela amizade e carinho que nos une há tantos anos.

À dra. Maria de Jesus Mendes da Fonseca, Estatística e pesquisadora-adjunta da Fundação Oswaldo Cruz, agradeço pela cientificidade e seriedade profissional com que validou tecnicamente o instrumento da pesquisa.

À dra. Zilda Knoploch, diretora-presidente da Enfoque Pesquisa e Consultoria de Marketing Ltda., bem como à sua competente e solícita equipe, agradeço pelo eficiente tratamento dos dados estatísticos e, acima de tudo, pelo carinho e incentivo.

Às Secretarias Municipais de Educação (2002-4) dos municípios de Araxá, em Minas Gerais; Belford Roxo, Araruama, Cabo Frio e Duque de Caxias, no Rio de Janeiro, agradeço imensamente a disponibilidade e generoso empenho de suas eficientes e dedicadas equipes, no encaminhamento e aplicação da pesquisa em escolas da rede pública.

Ao Sinepe de Maringá, à Associação de Educação Católica de Curitiba, à Ulbra do Rio Grande do Sul e a todos os diretores e equipes técnico-pedagógicas das escolas e instituições que participaram do estudo (listadas ao final do livro), pela inestimável boa vontade em organizar meus encontros com os docentes e, especialmente, pelo empenho para que tudo desse certo.

Ao meu marido querido, companheiro de sempre, que me perdoou do tanto que o esqueci, por muitas e muitas horas seguidamente, nestes últimos três anos de trabalho, sem jamais reclamar (nem baixinho) — e que teve, como sempre, *a coragem de ser o primeiro a ler os originais* — deixando, em suas margens, pequenas mensagens críticas honestas, irônicas, mas sempre generosas, jóias incalculavelmente valiosas.

Ao Nato, filho querido, agradeço pelas intermináveis gargalhadas que me compele a dar e pela alegria que sempre o acompanha e me impedem de esquecer que a vida também é feita para rir e brincar.

Ao Beto, filho querido, agradeço por me manter antenada às mudanças no mundo dos jovens, a par dos "segredinhos" que alunos só contam a seus pares, e pela voz e violão, que, repentinamente, invadiam meu escritório para me relaxar, deliciada, nas muitas vezes em que estive esgotada.

Todos os que aqui citei — e os que involuntariamente tenha cometido a injustiça de não citar — me apoiaram tanto e sempre que só gratidão seria pouco. Dedico-lhes acima de tudo meu afeto e amor.

Sumário

INTRODUÇÃO

É Hora da Ciência-Educação

Anualmente avaliações nacionais e internacionais evidenciam que o Brasil ainda não encontrou a fórmula de o saber ser democraticamente distribuído entre todos. No Pisa-2003,[1] avaliação internacional que abrange quarenta países, o Brasil ficou em último lugar em matemática.

No Rio de Janeiro, o Estadual 2006,[2] mostrou, nos últimos três anos, decréscimo nos conceitos A e aumento nos conceitos E. Em 2004, apenas 3,6% dos alunos obtiveram A; em 2005, o índice caiu para 1,71%. Em 2006 foi ainda mais baixo: 1,33%. Conceitos E — os mais baixos da

---

[1] O Pisa (Programme for International Student Assessment) foi lançado pela OCDE, em 1997. Os resultados obtidos nesse estudo permitem monitorizar, de uma forma regular, os resultados dos sistemas educativos em termos do desempenho dos alunos, no contexto de um enquadramento conceitual aceito internacionalmente. O Pisa procura medir a capacidade dos jovens de 15 anos usarem os conhecimentos que têm de forma a enfrentar os desafios da vida real, em vez de simplesmente avaliar o domínio que detêm sobre o conteúdo do seu currículo escolar.

[2] Exame de qualificação a que são submetidos os alunos que concluem o Ensino Médio e é a primeira etapa do exame vestibular para a UERJ (Universidade do Estado do Rio de Janeiro) e a UENF (Universidade Estadual de Nova Friburgo).

escala — cresceram: 41,1; 52,2 e 54,06%. A maior dificuldade detectada foi em relação à interpretação de textos.

É preciso dizer mais?

De quem é a culpa? Especialistas debatem e analisam, mas as conclusões divergem. Metodologia, excesso de conteúdos, anacronismo curricular, forma de avaliar, condições de vida da população, desmotivação docente e discente, interferência da mídia, Internet etc. são apontados, por si e em conjunto, como causas da ineficiência em Educação. Não nego. De fato, aqueles, e outros tantos, têm seu percentual de responsabilidade no processo.

O problema é que, com exceção de poucos estudos abrangentes — como os exemplos de pesquisa acima citados —, atribuem-se "culpas" quase sempre calcadas em opiniões pessoais, impressões na verdade. Na maior parte das vezes, não se baseiam em estudos concretos que as fundamentem. Ou seja: "acha-se" muito, mas pesquisa-se pouco. Repete-se e copia-se quase tudo: de idéias a livros, de hipóteses a "teorias". Paulatinamente, de tanto ouvir tais afirmativas (categóricas, em geral), muitas pessoas acabam acreditando. A repetição exaustiva e inconteste acaba dando ares de verdade ao que nem sempre representa *toda* a realidade.

Quem não tem por hábito questionar ou investigar as informações que recebe (origens e autores) começa a repetir o que ouviu. Muitos dos que falam sobre Educação (e que por vezes nunca deram aulas, por exemplo, no Ensino Básico) o fazem com tal segurança e até com certo ar de superioridade, que inibem os que os escutam. Em geral, começam assim: "todos sabem que..."; "como é de conhecimento geral"... Quem os ouve, e não está embasado, acaba achando que é um pressuposto incontestável. E assim se criam mitos, modas e manias em Educação, que, como tal, prejudicam a caminhada segura em direção a um futuro de país desenvolvido, alfabetizado e consciente.

Para combater essa tendência proponho, desde logo, três pontos para constituir o fundamento do processo de análise e avaliação em educação. Sem eles dificilmente corrigiremos os desvios, insucessos, influências e contaminações não desejadas na escola, como seu uso político, por exemplo:

1º) *Continuidade nas experiências e projetos pedagógicos iniciados:*
Independentemente de mudanças de governo, término de mandatos, substituição de chefias e cargos de direção. Em outras palavras: todo projeto a ser implementado teria que especificar o período mínimo de consecução, longo o suficiente para que resultados mínimos pudessem ser observados. Antes de decorrido tal prazo, não poderia ser abortado ou interrompido, exceto se resultados negativos, fruto do acompanhamento (necessariamente presente durante todo o processo), fossem percebidos de forma inequívoca.

2º) *Acompanhamento e avaliação sistemáticos e abrangentes de processo e de produto:*
Para permitir que distorções, dificuldades, problemas e desvios fossem detectados a curto prazo, possibilitando correções imediatas. Projetos que implicassem em mudanças radicais, tanto em termos metodológicos como estruturais, deveriam ser iniciados experimentalmente, em locais

predefinidos, nunca em todo o país de imediato. Tal medida traria conseqüências positivas imediatas como a redução de perdas financeiras (malversação de verbas públicas, muito freqüente no Brasil), do desgaste emocional e do ceticismo que tomam conta dos profissionais envolvidos em projetos aos quais aderem e se dedicam, e que logo a seguir são abandonados, a maioria das vezes sem explicações técnicas plausíveis que sustentem tais decisões.

3º) *Análise final de resultados:*
Tendo em vista estender, suspender ou prorrogar o projeto, sempre, porém, tomando por base os dados revelados pelo projeto-piloto, fio condutor de decisões sobre pertinência, permanência ou mudanças nos mesmos.

Já deve ter gente por aí pensando: "mas, francamente, isso não é nenhum ovo de Colombo!". Eu sei, não é mesmo nenhuma novidade!

Por que então não o fazemos *ainda*? Só essa medida já diminuiria muito as decisões tecnicamente inviáveis e fadadas ao fracasso, que com freqüência acontecem no cenário nacional, com conseqüências nefastas para a sociedade brasileira e para o indivíduo em particular, que, ao final de anos de estudos (ou de freqüência à escola?), se percebe enganado, por inapto às exigências da vida, da sociedade e do mercado de trabalho.

Cada mudança que se coloca em prática no sistema educacional implica em gastos financeiros e, no mínimo, horas e horas de trabalho por parte dos que participam do sistema. Para os professores em especial, representa também, muitas vezes, novos esforços e muita capacidade de adaptação. Particularmente no sistema público, no qual, concordem ou não, têm que aderir. E milhares, apesar das conhecidas dificuldades da profissão, esforçam-se para aprender a nova modalidade, buscando acertar, embora nem sempre com êxito. É inconcebível, portanto, que se suspenda e se perca todo um trabalho sem uma análise aprofundada que justifique tal decisão.

É inaceitável que mudanças que ainda não frutificaram — porque não houve tempo para isso — sejam de repente "jogadas no lixo", simplesmente porque alguém com poder "caiu", o substituto "não gostou da idéia" ou não quis "dar razão" ao antecessor, ou ainda porque não era adepto da "mesma linha pedagógica".

> *Façamos da educação uma ciência. Um trabalho que permaneça acima e além dos interesses pessoais, políticos ou partidários. Em que não se manipulem dados, não se escamoteiem objetivos, nem se admita tergiversação.*

Este livro é resultado de um estudo que visa a contribuir com dados concretos e análise crítica, construído a partir *do olhar do professor* sobre alguns dos problemas da escola brasileira na atualidade.

Espero sinceramente que as propostas apresentadas no seu decorrer frutifiquem, no sentido de fazer novos e muitos adeptos à causa do estudo científico e sistemático das dificuldades, problemas e possibilidades de soluções para a educação.

Desde 1960, a educação no Brasil vem passando por sucessivas mudanças metodológicas, técnicas e estruturais, cada uma delas apresentada aos docentes como a mais apropriada para os problemas que afligiam e afligem o professor em sua sala de aula.

Especialmente as mudanças nos métodos, cada uma a seu turno, foram apresentadas a pais, professores, alunos e especialistas como capazes de resolver os problemas básicos do ensino. Escola ativa, construtivista, crítico-social dos conteúdos, tecnicista, para citar apenas algumas das que conquistaram a simpatia e as esperanças de educadores. Paradoxalmente, porém, com tantas mudanças, só temos visto queda na qualidade da educação que, aliás, continua ladeira abaixo, como atestam os estudos que vêm sendo feitos — inclusive o Saeb 2001,[3] do qual apresento pequeno extrato:

> *O Sistema Nacional de Avaliação da Educação Básica detectou uma situação dramática nas escolas das redes de ensino de todo o país. Segundo dados de 2001, 59% das crianças da 4ª série, ou seja, com quatro anos de escolarização, ainda eram analfabetas e, o que é pior, a tendência detectada foi de uma queda progressiva nos padrões de rendimento escolar. Os dados projetam a existência de cerca de 980 mil crianças na 4ª série do Ensino Fundamental que não sabem ler (desempenho muito crítico) e mais de 1.600.000 que são capazes de ler apenas frases simples (desempenho crítico).*

---

[3]MEC, Inep. Sistema Nacional de Avaliação da Educação Básica.

Em 2003, dois anos depois, portanto, o mesmo sistema encontrou situação não menos grave. Alguns dados ajudam a ilustrar:

Resultado crítico e muito crítico	4ª série	8ª série	3º ano (Ens. Médio)
Português/leitura	55,4%	26,8%	38,6%
Matemática	51,6%	57,1%	68,8%

Ou seja, ao final da 4ª série do Ensino Fundamental, mais da metade dos alunos continua mal sabendo ler e fazer cálculos matemáticos básicos. Ao final da oitava série e do Ensino Médio há uma pequena "melhora" — muito, muito pequena, como se pode ver. A avaliação revelou que quase 40% dos alunos concluem o Ensino Básico praticamente analfabetos e sem o domínio dos instrumentos mínimos necessários para conseguir um emprego de contínuo (sem qualquer desprestígio à classe, por favor!). Em Matemática, pode-se observar que o percentual de resultados críticos e muito críticos só faz crescer até que o aluno conclua a Educação Básica.

A comparação entre os resultados da rede pública e da particular também não pode deixar ninguém feliz. O Saeb considera *adequados* (longe, portanto, de bom ou excelente) resultados acima de 300 pontos ao final da 8ª série. Ao final do Ensino Médio, o parâmetro fixado é de 350 pontos em Português e acima de 375 em Matemática. Resultados encontrados: ao final da 8ª série, *nenhum* dos três sistemas de ensino (municipal, estadual e particular) atingiu o mínimo, à exceção da rede privada e apenas em Matemática ao final da 8ª série, em que se alcançou 304,3 pontos percentuais. Como diriam nossos alunos: *"Passou raspando!!!!"*

O que pensar de tudo isso? Alguma coisa está errada ou não?

Somos incompetentes, avessos às mudanças? De forma alguma. Não é possível supor — nem seria justo — que todos os professores brasileiros tenham resolvido *ensinar mal de propósito*! Em qualquer categoria profissional há de fato alguns que poderíamos considerar incompetentes, ineficientes ou até propositalmente relapsos. Acontece em todas as profissões. Agora, um contingente inteiro? Uma legião que ultrapassa hoje a casa de 2 milhões!!! Não, certamente a culpa não pode ser deles! Não em bloco! A própria pedagogia moderna é quem afirma: quando mais de metade dos alunos fracassa, o problema não é do aluno e sim do sistema. Não seria o mesmo caso? Se tantos professores não têm conseguido resolver em suas salas de aula a questão da qualidade, não se pode atribuir isso a algo como um "complô" orquestrado pelos que escolheram "ensinar" durante trinta anos!

O problema deve situar-se, portanto, e partindo da mesma premissa pedagógica, *no sistema*. Não estará a educação brasileira tomando rumos equivocados? Escolhendo, por exemplo, estratégias ou reformas educacionais sem embasar essas escolhas na realidade das salas de aula, do contexto, enfim? O que deu certo, o que deu errado? Por que funcionou e por que não funcionou? O que poderia ter feito funcionar? O que faltou para que funcionasse bem? São questões que temos de responder para sair do impasse em que nos encontramos. De nada adianta, a cada novo gestor, começar um novo modelo, e do zero... Porque, começando do zero, poderemos sanar um dos equívocos antes cometidos, mas seguramente iniciaremos outros. Fatalismo? Desesperança? Não, apenas realismo e experiência. Já fizemos isso antes — e várias vezes.

O que não se faz, e urge fazer, entre outras medidas, para evitar novos fracassos, é ouvir o docente que está atuando nas salas de aula, antes de colocar em prática novos projetos que afetam o trabalho (às vezes a vida, como verão a seguir) de cada um deles.

E, quando falo em ouvir, é ouvir, *em escala representativa*, buscando primeiro esclarecer a proposta, em seguida, discutir, analisar, saber o que pensam e como encaram, em termos concretos, aqueles que irão executar.

Refiro-me especialmente a *ouvir e escutar*, porque só ouvir é pouco e muito frustrante (em alguns casos até se tem ouvido, mas considerar o que foi colocado é bem outra coisa, assim como outra coisa, ainda mais distante, é fazê-lo como rotina, com respeito profissional e levando em conta, de fato, o que foi dito).

Não se trata de pedir permissão nem de inverter a hierarquia, mas de investigar o que eles têm a dizer sobre as *necessidades intrínsecas do projeto e a viabilidade de execução*. Como se poupariam problemas com isso! A começar pela redução da desconfiança com que muitos profissionais hoje encaram quaisquer novas propostas.

E por quê? Porque estão cansados! Só isso!

Cansados de tentar um outro modo de ensinar; de acatar uma nova lei ou exigência; de se fundamentar na mais recente, importante e revolucionária teoria pedagógica (e que, com certeza, vai salvar a educação no Brasil); de fazer, com o maior esforço, na maior correria e sacrifício, um curso superior que a lei impôs e depois revogou;[4] de começar a trabalhar certos objetivos para os quais não se sentem aptos nem motivados e jamais supuseram viessem fazer parte do seu trabalho (pensem no que pode significar para, por exemplo, um professor de Matemática, por escolha pessoal e vocação, voltado para números, contas e operações altamente abstratas, falando sobre prevenção de doenças sexualmente transmissíveis?). Ah, estão cansados, sim!

No entanto, ainda assim, quando sabem e acreditam que são mudanças importantes, vão adiante, tentam, estudam, procuram fazer o melhor[5] e aí, quando já estão aprendendo, mais seguros e até gostando, simplesmente a-ca-ba! Por quê? Porque mudou o governo ou o secretário ou o ministro?!

---

[4] A Lei de Diretrizes e Bases em vigor (LDB 9394/96) estabeleceu em seus Artigos 62 e 87, § 4º: "Até o fim da *Década da Educação* (dez/2006) *somente serão admitidos professores habilitados em nível superior* ou formados por treinamento em serviço.

Em 20 de agosto de 2003 (seis anos e meio depois), porém, o Conselho Nacional de Educação publicou a Resolução nº 1, que, praticamente, revoga a exigência acima:

Art. 1º Os sistemas de ensino, de acordo com o quadro legal de referência, devem respeitar em todos os atos praticados os direitos adquiridos e as prerrogativas profissionais conferidas por credenciais válidas para o magistério na educação infantil e nos anos iniciais do ensino fundamental, de acordo com o disposto no art. 62 da Lei 9.394/96.

§ 1º Aos docentes da educação infantil e dos anos iniciais do ensino fundamental *será oferecida formação em nível médio, na modalidade Normal até que todos os docentes do sistema possuam, no mínimo, essa credencial (grifos da autora).*

[5] Não ignoro que não são todos os que verdadeiramente se empenham, mas muitos o fazem. A pesquisa confirmará o que afirmo, nos capítulos que se seguem.

Como esperar adesão em tais circunstâncias e com tal histórico?

Ao se decidirem as autoridades por qualquer tipo de mudança (estrutural, metodológica etc.), seria muito sensato não aplicá-la a toda a população-alvo. Porque, no Brasil, não se promove como rotina, como parte integrante e indissociável do processo, avaliação dos métodos e linhas em uso. Não se analisam rotineiramente resultados, bons ou maus, do que se está utilizando no momento, antes de se promoverem novas trocas. Nem se tomam decisões a partir daí. Simplesmente se decreta o fim de uma era — e o início de outra.

Quando se deseja realmente que um plano funcione, que dê certo e tenha bons resultados, é preciso ouvir quem vai executar. Mesmo que quem executa ainda não conheça a técnica e faça um treinamento depois, ele está apto a pensar de um outro ponto de vista, um ângulo que quem planeja nem sempre percebe. É assim em quase todas as profissões. Um engenheiro pode ouvir um mestre-de-obras e evitar inúmeros transtornos, porque, embora com menor saber livresco, tem muitas vezes maior conhecimento prático. Claro, o ideal seria que todos tivessem os dois, mas, como não é assim a vida, quem quer ter sucesso no que faz dá valor a todos os tipos de saberes e competências.

Os docentes estão evidentemente mais aptos a apontar os "nós" do sistema porque trabalham diretamente com os alunos. Infelizmente são vistos por muitos planejadores como "meros" executores. E, assim, as mudanças vão e vêm, idealizadas ao sabor de simpatias pessoais, cada vez que nova equipe gestora (nas esferas federal, estadual ou municipal) assume o poder, ignorando o que já foi realizado, o que deu certo e o que falhou. Na verdade, essa talvez seja uma das grandes causas dos sucessivos fracassos a que assistimos nos últimos anos. Sem levar em conta os prejuízos que a crescente frustração causa quando domina professores, reféns de uma situação na qual não se conseguem fazer ouvir como profissionais sérios e capazes que são.

Tenho ciência de que alguns dos vários municípios em nosso país fazem levantamentos junto às equipes docentes das escolas. Sei que *alguns* o fazem e em *algumas* situações. No entanto, quantos desses estudos foram realmente considerados ao elaboraram-se novos projetos e mudanças? Poucas vezes o parecer docente é encarado como deveria. O que os professores expressam, *quando ouvidos*, raramente é fator decisivo para embasar decisões/ações pedagógicas. Em outras palavras, algumas vezes até se ouve o professor, mas há certa reserva em relação às suas colocações, que acabam consideradas, muitas vezes, como resistência à mudança ou como a opinião, digamos, de "quem não quer fazer e está inventando desculpas".

Nós, especialistas, mesmo inconscientemente, tendemos a considerar conhecedores que somos das teorias (mestres, supervisores, coordenadores, doutores), que sabemos o que é melhor para a educação. Parte disso até é verdade, mas não podemos nem devemos deixar de considerar que:

> *1) especialistas "sabem mais teorias, métodos, técnicas etc.", mas os docentes, com toda a certeza, sabem mais da prática, pelo menos enquanto estão lidando diretamente com os alunos, porque vivem as dificuldades, os sucessos e as barreiras na própria pele, a cada dia, a cada hora e minuto da sua longa jornada diária, cada*

vez mais cheia de horas, minutos e segundos! Portanto, se não aten-
tarmos de verdade às suas ponderações, daremos continuidade à
desconstrução da indissolúvel união teoria/prática, tão defendi-
da, aliás, por todas as modernas linhas pedagógicas. Se, ao con-
trário, analisarmos em conjunto as diretrizes, provavelmente nos
surpreenderemos positivamente com a riqueza do que vamos en-
contrar. Ao fazer esse trabalho, por exemplo, descobri que os pro-
fessores, em sua maioria — apesar das dificuldades, má
remuneração e pressões, do aumento alucinante de tarefas, res-
ponsabilidades e objetivos da escola moderna, apesar de tudo —,
continuam dispostos e em busca de ensinar qualitativamente bem;

2) se já empreendemos, em poucas décadas, tantas mudanças
educacionais — e a bem da verdade, ainda assim continuamos
diante de um quadro de fracasso sem precedentes —, não deve-
ríamos repensar se as soluções para os problemas estão sendo to-
madas adequadamente? As decisões têm sido tomadas por um
pequeno grupo que, num dado momento, ocupa os postos de
mando no quadro educacional. Quem sabe não seria mais efi-
ciente, partir do campo, para variar? Repito: não estou menos-
prezando o saber dos especialistas — mas não seria hora de
escutarmos realmente o que nos dizem os demais envolvidos no
processo, antes de partir para a execução de uma nova estratégia?

Em Medicina, os tratamentos disponibilizados para uso
comercial passam antes por anos de testes. Primeiro em
animais em laboratório, depois em pequeno grupo, mais
adiante em grupos maiores, e, apenas diante de resultados
razoavelmente seguros, são testados em seres humanos. Só
então são comercializados. Por que não fazer o mesmo em
Educação? Certamente eliminaríamos muitos fracassos.

Antes de impor mudanças sistêmicas ou metodológicas que afetam todo o sistema, é preciso investigar que experiências estão surtindo efeito concreto em classe, aperfeiçoá-las se necessário, implantar experimentalmente em um pequeno grupo de escolas — até se ter alguma possibilidade de aferir a qualidade dos resultados —, e, se válidos, só então utilizar em larga escala.

Os docentes poderiam contribuir para levantar demandas que sempre surgem quando se altera alguma coisa na prática. Seja em termos de infra-estrutura, necessidade de treinamento, espaço físico, etc. assegurando dessa forma alguma possibilidade de sucesso. Educação que se quer de resultados devia ser feita assim.

Por que começar do zero sempre, e ao sabor de "modismos pedagógicos"? Nem seria preciso pesquisar muito. Anualmente instituições públicas e privadas premiam experiências bem-sucedidas em Educação. Já são muitas, graças aos esforços de docentes criativos.

Não precisamos inventar nem copiar nada — por ora, pelo menos. Só colher os frutos da sensibilidade de nossos melhores talentos. Antes de tudo, agir de modo científico e não por *ensaio e erro*.

Afinal, já estamos no século XXI, e grande parte dos cidadãos desse nosso Brasil ainda não sabe ler nem contar. Não podemos mais nos dar ao luxo de novos fracassos.

CAPÍTULO 1

Os mitos da escola moderna

Ser professor nunca foi uma tarefa simples. Hoje, porém, novos elementos tornaram o trabalho docente ainda mais difícil. A disciplina parece ter-se tornado particularmente problemática. Quando as escolas se regiam pelo Modelo Tradicional, o manejo de classe era, sem dúvida, mais fácil. Afinal, o poder ficava todo concentrado nas mãos do professor. Ao aluno cabia ficar quietinho, prestando atenção, e... (se conseguisse) aprendendo.

A teoria subjacente era: "quando o professor ensina, os alunos aprendem", ou seja, "aprender" era considerado conseqüência inevitável do "ensinar". Antes que os mais apressados pensem que estou defendendo a volta ao modelo tradicional de ensino,[6] explico: o que estou afirmando é que o exercício autocrático do poder é, sem dú-

---

[6] É comum pessoas lerem pequena parte de um parágrafo e a partir daí chegar a conclusões — no caso, não seriam um nem dois que de imediato suspeitariam fortemente de um "viés retrógrado" no meu texto... Por isso, caro leitor, calma! Leia todo o capítulo, antes de formar uma opinião sobre o que estou propondo!

vida, mais fácil de ser exercido do que administrar relações democráticas. Vale lembrar que, a despeito do modelo de relações interpessoais que predomine em classe, se o professor tiver bom domínio de conteúdo, consciência profissional, desejo real de levar os alunos à aprendizagem e razoável formação didática, os resultados são, em geral, bons. Quem estudou há cerca de trinta anos teve professores mais ou menos como os acima descritos. O que não significou, obrigatoriamente, mau ensino. Pelo contrário, é do conhecimento de todos que a escola pública, por exemplo, à época, era a *escola de qualidade* que os pais de classe média queriam para seus filhos. Não se pode, pois, afirmar que é a *"boa" relação afetiva* entre o professor e seus alunos que *determina* a qualidade do resultado educacional. Todos nós tivemos professores que pouco ou nada se relacionavam conosco — sem que isso os transformasse em maus professores (no sentido de conduzir o processo à aprendizagem). E vice-versa. Também conhecemos mestres, ontem e hoje, muito queridos pelos alunos, carinhosos, espirituosos (a aula, um riso só...), mas que, em matéria de ensino, deixam muito a desejar. Em síntese, generalizar a esse respeito é imprudente. É óbvio que, se pudermos juntar as duas coisas (boa relação afetiva e bom ensino), os resultados com certeza serão melhores. Mas nem sempre um relacionamento carinhoso e educado por parte do mestre conduz à aprendizagem.

No entanto, poucos são os profissionais que conseguem atualmente questionar determinados conceitos que circulam com desenvoltura e freqüência nos meios educacionais. Transformaram-se em mitos. Proponho, portanto, na contramão ao usual, que analisemos alguns, só para "esquentar" o debate.

<u>**Mito[7] 1:**</u> *O afeto e o carinho dos professores são elementos* imprescindíveis *para que o aluno aprenda.*
Desfazendo o mito: *Afeto e carinho são sempre positivos, mas não determinam, por si sós, a aprendizagem. Além disso, a afirmativa induz à falsa idéia de que professor sério, introspectivo, que não externaliza sentimentos por característica pessoal, não pode ser bom professor, o que é seguramente uma inverdade. Outro aspecto negativo desse mito é fazer o aluno acreditar que professor que não prioriza as relações afetivas com o aluno, embora seja educado, é um mau professor (mesmo que dê aulas maravilhosas). Nesse contexto, se o aluno fracassa, a "culpa" é do professor, que não soube fazer um bom relacionamento. Tive professores que me ensinaram muitíssimo e com os quais a relação sempre foi formal, distante e até fria. Alguns jamais esqueci; foram marcantes na minha formação; seria inverdade dizer que o fracasso, caso ocorresse, teria sido culpa dessa frieza. Claro, sempre preferiremos os que aliem todas as qualidades (intelectuais e afetivas), mas é impossível aceitar determinadas generalizações, pelo radicalismo que embutem.*

Por outro lado, na sala de aula dos modelos liberais, atualmente indicados como mais adequados (nem pensar em questionar isso, pelo amor de Deus!), tudo é passível de discussão, desde o conteúdo até a metodologia e a forma de avaliação; nela, a hierarquia de poder fica muito

---

[7]Segundo Houaiss: fig. "construção mental de algo idealizado, sem comprovação prática; idéia, estereótipo".

menos visível, e para alguns estudantes tem sido compreendida como inexistente; é nessa mesma sala, que alunos (e seus responsáveis) se sentem com o direito de opinar (determinar?) "o que querem aprender", "o que gostam" e até *como querem o que gostam*. Não é por acaso que os professores se queixam, cada vez com mais veemência, das dificuldades de motivar, de ter alunos interessados. Torna-se tarefa muito difícil conciliar gostos, propostas e objetivos os mais variados. Chegar ao consenso numa turma pode, por vezes, tornar-se quase impossível. Especialmente quando boa parte dos alunos, em particular adolescentes e pré-adolescentes muito mais interessados em "passar de ano" (se possível com o mínimo de estudo, leituras e trabalho) do que aprender verdadeiramente, toma consciência dessa possibilidade e a transforma num ótimo instrumento para o imediatismo e hedonismo que os caracterizam.

Apoiados pela crítica contundente e largamente disseminada — mas nem sempre verdadeira — aos que são classificados como "maus professores" (os argumentos: dão aulas "chatas", "fora da realidade", dão "provas que estressam", "falam muito", "passam tarefas trabalhosas", entre outras), boa parte dos alunos, munidos desses "bons" pretextos para reclamar e por vezes encobrindo o motivo real (estudar nada ou muito pouco), na sua ingenuidade e falta de visão a longo prazo, tornam-se os mais prejudicados num processo cujo resultado todos nós conhecemos.

Mito 2: *Com um bom professor, os alunos aprendem sem fazer quaisquer esforços, a motivação surge, assim como a concentração. Estudar ou fazer tarefas em casa torna-se praticamente desnecessário. As aulas são tão maravilhosas que todos aprendem com facilidade.*

Desfazendo o mito: *É claro que uma aula bem planejada, utilizando recursos metodológicos e audiovisuais, com exercícios inteligentes e desafiadores, é extremamente mais motivadora, agiliza a aprendizagem, torna o aprender agradável e de modo geral todo o processo fica facilitado. No entanto, ainda que saibamos que o trabalho do professor carece crescer nesse sentido —* também apenas isso não garante a aprendizagem. Tudo na vida, qualquer meta que se tenha, requer algum *esforço para ser atingido. Ou muito esforço: depende do caso, do indivíduo e do objetivo.*

Considero um sério dano fazer o aluno e sua família acreditarem que, quando o professor atua de forma metodologicamente moderna e adequada, todo aluno aprende como que por um passe de mágica. Sempre haverá, também por parte do aluno, *necessidade de dedicação e concentração, de momentos de estudo individual para exercitar o que estudou, refletir para sedimentar conceitos e transferir aprendizagens. "Vender ilusões" desse tipo só conduz o aluno a achar que tudo que se refere à aprendizagem é responsabilidade única e exclusiva da escola e/ou do professor. Ele não precisa fazer nada, nenhum esforço, absolutamente nada, porque as "boas aulas" fazem tudo por ele. É preciso que os alunos e a família voltem a acreditar e a perceber que há sempre necessidade de reciprocidade.*

Por melhor que seja a atuação do professor, ela jamais eliminará o fato de que o aluno é parte ativa e integrante do processo e que dele depende uma cota de responsabilidade *a ser dividida com a instituição.*

Era natural, com a informação globalizada e democratizada da atualidade, que família e sociedade tomassem ciência de alguns dos modernos conceitos de educação. No entanto, o que em princípio seria positivo, acabou se tornando um complicador a mais, porque muitas dessas pessoas confundiram o seu pequeno arsenal de informações com domínio do saber. Sentem-se habilitadas, portanto, a julgar atitudes pedagógicas das escolas. Lendo artigos, superficialmente resumidos, ou ouvindo pequena e inexpressiva parte de uma teoria, passaram a fazer generalizações equivocadas. Mal informadas, porém ansiosas por propiciar educação de qualidade aos filhos, passaram a criticar vigorosamente o trabalho das escolas. Se os comentários — nem sempre pertinentes — são feitos diante dos filhos, a questão se agrava. Muitos deles passaram a questionar o professor em tudo ("se meu pai não confia, porque eu iria confiar"?). Ainda mais se a atitude docente contraria seus desejos imediatos — aí o que poderia ser contribuição para a melhoria do ensino, vira briga, imposição e desconfiança mútua.

Há casos em que pais e alunos têm razão, claro; o que preocupa é o fato de que questionamentos legítimos vêm assumindo a forma de confronto, processos e demandas judiciais — o que com certeza em nada fortalece a qualidade da escola. Ao contrário, leva a que profissionais habilitados e sérios se sintam completamente inseguros e ameaçados — por pais e alunos, pela sociedade, por vezes até internamente pelo sistema, enfim —, tornando-se verdadeiros reféns de todo um contexto, que os fragiliza e mantém em permanente estresse. Especialmente porque —

e isso é o mais triste — esses desgastantes confrontos muitas vezes nada têm a ver com o incremento de saberes nem da qualidade do ensino. Há famílias que apelam à justiça por motivos inacreditáveis. Utilizando-se de brechas de artigos da legislação (inclusive do Estatuto da Criança e do Adolescente), longe de estarem lutando para que seus filhos aprendam mais e melhor, visam, por exemplo, a suspender decisões pedagógicas da instituição ou obter tratamento diferenciado para os filhos, suspensão de sanções ou até vantagens financeiras.

Para exemplificar, transcrevo nota publicada recentemente na coluna "Informe Jurídico" do *Jornal do Sinepe-ERJ*,[8] intitulada "Bolinho caro":

> *A pretensão da mãe em realizar, nas dependências do estabelecimento educacional, na seqüência do campeonato de futsal (atividade extracurricular), uma "festinha com o bolo, a pipoca, o suco e picolés de fruta" — que ela teria "prometido, anunciado e esperado" proporcionar ao seu filho — e a recusa da escola em autorizar integralmente a pretensão da mãe, uma vez que somente foi autorizado que fosse levado o bolinho para cantar parabéns para a criança ao término da atividade extracurricular, virou ação de indenização por danos materiais e morais, já julgada improcedente. Mas ainda pode ter recurso. E a pergunta que não sai da cabeça: escola é casa de festas?*

Não se trata de discutir a atitude da escola ou a pertinência do desejo da mãe. O que importa acentuar é o quanto situações como a descrita incentivam uma atmosfera de

---

[8] Ano XIV, nº 88, julho/agosto/setembro de 2005, p. 8.

desconfiança e confronto entre instituições que historicamente sempre foram aliadas e batalharam em prol dos mesmos objetivos — educar, conscientizar, formar cidadãos.[9] No mesmo jornal, podemos ler adiante outra notícia que revela a extensão do problema (relação família-escola):

> *Carteiro*
> *Mandar carta de cobrança por intermédio do aluno autoriza indenização por danos morais. Aluno não é carteiro. Use o correio e lembre-se de mandar a carta de cobrança em envelope fechado sem qualquer tipo de alusão que possa causar constrangimento ao destinatário.*

Os dois casos foram publicados com o intuito de preservar, alertar e orientar as escolas contra possíveis problemas jurídicos. Essa é a situação.

Como lidar com essa nova realidade, sem perder a autoconfiança, a segurança e a certeza de que podemos trabalhar conceitos e atitudes como igualdade de direitos e deveres? Ou de que todos devem seguir as regras estabelecidas pela sociedade (aqui representada pela escola)?

Imaginemos um colégio com 2 mil alunos. Provavelmente a cada dia letivo haverá um estudante aniversariando. Como seria atender à singular idéia de comemoração que cada família idealizasse? Ao aprovarem e até incentivarem comemorações, as escolas têm em vista desenvolver e estimular o afeto, a amizade, o carinho entre as crianças. Faz parte do processo de socialização a aprendiza-

---

[9] A esse respeito, ler *Escola sem conflito — Parceria com os pais*, Record, 2003.

gem da igualdade de oportunidades, o estímulo à generosidade, em que homenagear aos que queremos bem é um exemplo; no entanto, a instituição estabelece e precisa estabelecer regras para que esses eventos possam ser realizados *por todos os alunos*. Devem ser atividades simples, quase simbólicas, sem com isso deixar de atender plenamente seu objetivo — amiguinhos compartilham e se comprazem no aniversário do colega. Assim, todos — tenham mais ou menos recursos e pais mais ou menos criativos — terão "o seu dia". Dessa maneira, evitam-se comparações, exclusões e ostentação. É evidente que o primeiro exemplo desfaz qualquer possibilidade de se desenvolver a generosidade. No entanto, a cada dia, mais educadores relatam casos do gênero. A qualquer contrariedade se tomam medidas que, antes de mais nada, acabam inviabilizando o processo educacional. A idéia inicial de participação da comunidade na escola desvirtuou-se, transformada em pressões que nada têm a ver com *ação educacional*. E que só fazem diminuir o espaço de atuação da escola, transformando-a, a seu turno, também em refém do "cliente" (no caso da escola particular) ou de indivíduos de ética questionável, que, sabemos, infelizmente dominam em alguns casos parte das comunidades em que a escola está situada (em se tratando da rede pública). Uns usam o poder do dinheiro, outros, o da força física e do medo. Em qualquer um, a escola e os docentes tornam-se reféns de uma situação na qual gradualmente perdem espaço para agir de forma educacional, com independência e segurança.

Mito 3: *A participação da comunidade é essencial à qualidade do ensino.*

Desfazendo o mito: *A participação da comunidade (família) é importante para trazer informações e inteirar-se das atividades que as escolas realizam, além do acompanhamento do desempenho e atitudes dos filhos em relação aos estudos. Podem cooperar muitíssimo quando fornecem suas impressões e idéias, assim como críticas e sugestões.*

No momento, porém, em que tal participação se reveste de caráter impositivo, de confronto, manipulação ou luta por poder, jamais poderá ser considerada positiva ou democrática. À comunidade cabe participar, sim, mas para fortalecer os princípios de igualdade de direitos, não para impor condições e jamais para obter vantagens para si ou para seus filhos.

Quanto à ação da justiça, de advogados e dos Conselhos Tutelares, é importante que analisem profundamente sua função como mediadores em situações de conflito. É essencial que continuem cumprindo seu papel, evitando, porém, ações que inviabilizem ou inibam a atividade educativa e socializadora da escola, que precisa ter segurança e respaldo da sociedade, além de ser respeitada e vista como instituição constituída de profissionais especializados, que, em sua maioria são os formadores dos cidadãos de amanhã.

A idéia de que uma turma na qual percentual expressivo de alunos apresenta baixo rendimento em um ou vários componentes curriculares tem *sempre como causa o trabalho ineficiente do professor* pode até ter algum fundamento pedagógico. Há algumas décadas ninguém pensaria assim. O aluno era sempre o culpado: não havia estudado o suficiente ou fora desatento. Posição sem dúvida radical, injusta e incorreta.

Hoje, felizmente, reconhece-se que a falha na aprendizagem tem em geral causas múltiplas, que podem estar no processo, na metodologia, na didática inadequada do professor, na avaliação — e também (por que não?), no próprio aluno. O leque se ampliou. Que bom por isso! Mas, por algum motivo indecifrável, saímos de um pensamento radical para cair em outro. Se há pouco todas as culpas recaíam sobre o aluno, hoje muitos passaram a atribuí-las — *todas* — *ao professor*. O que é uma flagrante distorção.

Se *muitas vezes* o problema se origina na forma pela qual a escola trabalha ou na ineficiência de determinado professor, em outras, até bem freqüente, pode estar, sim, no aluno — que em muitos casos não estuda, está desatento e desinteressado. *Apontar o professor como único responsável pelos fracassos no ensino é mascarar a realidade*, especialmente quando isso ocorre sem uma análise profunda e concreta do processo desenvolvido.

Ignorar que parte dos alunos — por razões sociais ou pessoais[10] — não querem, não gostam de estudar, e muito menos de se esforçar para aprender, é igualmente ignorar que o ser humano é múltiplo e que cada indivíduo é único e reage diversamente aos estímulos recebidos.

E é ignorar também que muitas dessas variáveis *não podem ser superadas unicamente pelo trabalho do professor*, por

---

[10] Algumas causas sociais: abandono em casa, falta de limites, superproteção da família, excesso de estímulos mais atraentes na sociedade ou em casa, mordomias demais, dinheiro fácil, situações de conflito graves, problemas de saúde, uso de drogas, cansaço por trabalhar fora etc. Pessoais: imaturidade, agressividade, necessidade de auto-afirmação, preguiça, falta de força de vontade, imediatismo, falta de compreensão quanto à importância dos estudos, incapacidade de vencer dificuldades, dificuldade de concentração etc.

melhor que ele seja e por mais que trabalhe bem e se esforce muito.

Mito 4: *Se um percentual expressivo de alunos apresenta maus resultados, significa que o professor falhou.*

Desfazendo o mito: *Claro que, com bons professores e boa infraestrutura escolar, o percentual de alunos com chances de aprender e de ter resultados positivos cresce geometricamente, mesmo os que estão desestimulados. A generalização, porém, é sempre perigosa. No caso em questão, ignoram-se: a) a vida escolar pregressa dos alunos; b) trabalhos mal desenvolvidos em séries anteriores, que podem ter deixado lacunas de aprendizado extensas, por vezes não sanáveis em um ano letivo apenas; c) a postura da família em relação à escola (estudos comprovam que pais ausentes, displicentes e que não dão limites em casa têm, percentualmente, filhos com mais baixo rendimento que os pais ativos, atentos e que acompanham de perto os estudos dos filhos); d) a disposição da criança ou do jovem para de fato "fazer a sua parte" (segundo modernos conceitos da Pedagogia, aprendizagem é um processo interno que demanda atividade do aprendiz. Não por outro motivo caiu por terra a idéia de que "se o professor ensina, o aluno aprende"; e) que aprender e ensinar são dois processos inter-relacionados, isto é, um influencia o outro, sujeitos também sujeitos a uma gama de fatores intervenientes (motivação pessoal, capacidade intelectual, percepção afetiva em relação a determinados componentes do currículo, situação emocional da família). Esses fatores incidem sobre ambos, docentes e alunos.* Ao se analisar o fracasso escolar, é preciso considerar toda a complexidade da questão. *Simplificá-la procurando "o" culpado — um apenas — é visão simplista ou que embute algum outro interesse.*

É claro que existem muitos outros mitos não abordados. Com o tempo, todos eles foram se tornando *axiomas* — que, como tal, não se discutem. Surgiram ao longo das últimas décadas devido a distorções involuntárias, falta de treinamento docente adequado, má práxis etc. Seria leviano tentar aventar as causas. Tampouco importa agora.

Relevante é refletir honestamente sobre a prática que está sendo desenvolvida no sistema educacional brasileiro e sobre que construtos se erigem. E, à luz da análise, descobrir quais deles foram equívocos e quais se revelaram úteis. É preciso que nós, educadores, não tenhamos medo de pensar e repensar a realidade em bases concretas. Nenhuma teoria pode ser mitificada, tornar-se inquestionável. A reflexão e avaliação críticas sobre a relação teoria/prática é uma necessidade que precisa ser praticada sistematicamente. Então sim, poderemos decidir com segurança — sem esquecer jamais que qualidade de ensino tem relação inequívoca com qualidade do produto (me perdoem os que odeiam este termo).

Os poucos mitos que aqui expus visaram apenas a revelar a todos os interessados que, se de fato queremos resolver problemas educacionais, temos que nos munir da necessária isenção intelectual, de uma rígida disposição de não prejulgar, de nada predeterminar. Precisamos ter posturas mais científicas, e, como se faz em qualquer ciência, pedir (exigir?) dos que defendem a adoção desta ou daquela medida que esclareçam em que se baseia sua escolha e quais as medidas necessárias para sua efetivação na prática. Precisamos apoiar cada vez mais as respostas que buscamos em estudos de campo, pesquisas[11] amplas e tecnicamente bem-feitas, o suficiente ao menos para permitir, com segurança mínima, a tomada de decisões.

---

[11] Neste trabalho, o termo *pesquisa* é utilizado unicamente em referência à que se baseia na metodologia científica aplicável às ciências humanas. Ficam excluídas, portanto, as que se anunciam como tal, mas na verdade são meros "levantamentos" (por exemplo, uma única pergunta, respondida em um encontro com público restrito e focal, cujas características sociais, culturais etc. não são nem ao menos definidas pode ter até algum valor, mas restrito, nunca generalizável a todo um universo). Também ficam excluídas as que não esclarecem que métodos foram utilizados, qual a amostra e o universo, os objetivos, tipo de amostra, como se trabalharam os dados do ponto de vista estatístico etc. Não é incomum vermos pessoas afirmando "na pesquisa que fiz" e ponto final. Não se encontra um trabalho publicado em revista especializada, indicações bibliográficas, dados estatísticos, caracterização da clientela — nada. Também está se tornando comum ouvirmos alguns profissionais anunciarem "ter criado uma teoria" sem explicitar o tipo de estudo ou ao menos as evidências em que se baseiam. É preciso que nós, educadores, saibamos exigir comprovação ou definição das condições em que certas colocações são feitas, para podermos caminhar em direção à cientificidade.

CAPÍTULO 2

Algumas considerações pedagógicas sobre a história da crise

Analisar as causas do fracasso é preocupação sobre a qual se debruçam todos os que estão envolvidos com Educação e que desejam uma escola de qualidade.

É claro que são muitas, não apenas uma. Vou excluir, no entanto, causas macroeconômicas e sua correlação política, porque a maioria de nós as conhece de cor e salteado: falta de empenho e de vontade política, uso inadequado de verbas públicas, precariedade de instalações e infra-estrutura, remuneração docente inqualificável etc. Além do mais, rotineira e ciclicamente, sabemos, elas voltam à baila (e continuarão a voltar) sob a forma de discursos belíssimos e inflamados, especialmente quando se aproximam eleições em quaisquer níveis... Quem sabe, um dia, não nos cheguem através de ações sinceras — e não de palavras que se desfazem ao vento depois...

Vou, portanto, me ater a razões do fracasso sobre as quais podemos exercer uma ação efetiva e imediata. De tudo que relato e analiso a seguir, fui testemunha ocular; abracei, com esperança e entusiasmo, muitas das mudanças a que me referirei no decorrer do livro; de outras tantas desconfiei da eficácia, mas tentei aplicar sentindo na pele as dificuldades operacionais — e por vezes até suas previsíveis derrotas.

Trabalhei e lutei nesse mister por mais de trinta anos. Ainda não desisti, que não sou de abandonar essa causa na qual creio muitíssimo... Comecei em 1968, como professora alfabetizadora, depois fui supervisora e, finalmente na Universidade Federal do Rio de Janeiro, me dediquei à formação de profissionais da educação.

Acredito que três fatores técnicos têm contribuído para a queda da qualidade de ensino: 1) a má compreensão e distorção das novas linhas pedagógicas aplicadas — devido à escassez ou inexistência de treinamento docente adequado, antes da implantação; 2) a falta de experimentação prévia em projetos-piloto, antes da implantação geral ao sistema; e 3) o raro acompanhamento de resultados de cada nova proposta implantada.

Uma rápida (e incompleta) retrospectiva de como se introduziram mudanças no processo educacional brasileiro nos últimos trinta e poucos anos pode ser útil para que se entenda parte das razões do fracasso.

Mudanças a toque de caixa

Uma das piores conseqüências dos fatores anteriormente citados é a grande insegurança que determinam no professor. Cada inovação é sempre apresentada como a melhor e mais eficaz para os males que afligem a escola brasileira. E assim sendo, cumpre colocá-la em prática. De preferência, logo. Ainda que três anos depois apareça uma outra, que também é apresentada como a melhor opção — e que implique abandonar a anterior.

Em torno de 1970, o modelo tradicional de ensino começou a ser substituído, embora lenta e timidamente, pelas idéias de John Dewey, Maria Montessori, Decroly, Paulo Freire, Anísio Teixeira, Piaget, Vigotski e tantos outros grandes nomes da Pedagogia. Suas teorias começam a influenciar o ideário dos professores.[12]

Da Escola Ativa, o "aprender a aprender" deixou marcas profundas. Ensinar conteúdo, de repente não é mais tão importante quanto independentizar o aluno. O "saber bancário" é rechaçado e Paulo Freire surge com a alfabetização comprometida com a consciência política. O professor tem que jogar fora as listas de coletivos, feminino, plural de nomes compostos etc. A "decoreba" é expurgada e é bem-vinda a reflexão. A democratização das relações em classe também surge como desafio para professores que, até então, haviam sido formados e trabalhavam como autoridades incontestáveis. A Teoria da Não-Diretividade, de Carl Rogers, alterou inequivocamente a relação professor-aluno, trazendo o "modelo humanista" para a escola. Surge a "facilitador" da aprendizagem, e subitamente o docen-

---

[12] Cabe ressaltar que todos os autores citados trouxeram sem dúvida contribuições positivas aos conceitos educacionais, ao menos no plano teórico.

te tem que compreender e assimilar que "ninguém ensina nada a ninguém".

Assustado, angustiado, o professor se pergunta:

"Meus Deus, tudo isso é muito lindo,
mas na prática, o que significa,
como é que se faz?"

A velocidade das transformações sociais, tecnológicas e relacionais é intensa. Com isso, uma conhecida e muito utilizada técnica de ensino podia ser condenada, banida, considerada "antiquada" de uma hora para outra. Os professores, atônitos, assistem à derrocada de tudo ou quase tudo que aprenderam nos cursos de formação.

A forma clássica de trabalhar é "virada do avesso". O docente repentinamente se sente despido de todo o arsenal prático conhecido e se vê diante de uma quantidade enorme de idéias e formas de trabalhar em sala que é preciso aprender. E rápido... Porque já foram aprovadas e já estão sendo utilizadas na escola!!! Muitas dessas teorias, que soam belíssimas na letra do texto, parecem aos docentes verdadeiros enigmas na prática. Em outras palavras, o professor se pergunta:

- *Como transformar essas teorias, tão ricas, tão novas e tão diferentes, em "fazer pedagógico"?*
- *Como atuar para ser um professor moderno, não tradicional, não ultrapassado?*
- *Como ensinar ao aluno o "aprender a aprender"?*
- *Como cumprir o programa que continuam a lhe cobrar, e, ao mesmo tempo, atender ao que o aluno gosta e quer fazer, que pode não ter nenhuma relação com o que a sociedade exige?*

- *Como fazer cumprir o "contrato de trabalho" preconizado por Rogers, numa sala de aula que abriga trinta, quarenta alunos; quarenta quereres diversos, quarenta opiniões geradas por objetivos pessoais também diversos? Parte dos alunos está realmente interessada em aprender, mas outra boa parte (em especial se forem adolescentes movidos pelo hedonismo, pragmatismo e utilitarismo que hoje dominam a sociedade) quer mesmo é namorar mais, conversar com os amigos e saber o mínimo possível (com algumas exceções, naturalmente). Todos, porém, julgando ser um direito inalienável ser aprovado, passar de ano, formar-se (afinal "só professor ruim reprova aluno, não é isso que andam dizendo por aí?")...*

Como agir, então? Como conciliar tantas mudanças e desafios novos, se as dificuldades mais simples não são sanadas, como turmas grandes e com poucas horas de aula, por exemplo? Como esclarecer suas próprias dúvidas, sem parecer um profissional incompetente? E como atender às complexas tarefas de um currículo que, a cada ano, é acrescido de novos desafios (por exemplo: como tratar com segurança e adequação o tema transversal "Prevenção ao uso e abuso de drogas", se a realidade brasileira nos mostra que parte dos professores nem escreve corretamente? Ou se jamais teve contato, sequer visual, com a forma física do *crack*?).

Se deslocarmos o foco de nossa atenção dos grandes centros urbanos e nos voltarmos para os professores da área rural ou da periferia das grandes cidades, a defasagem será certamente ainda mais grave.

A despeito do que preconizou a Lei de Diretrizes e Bases em 1996, ano de sua entrada em vigor, e que também marcou o início da chamada Década da Educação, persistem no Brasil professores leigos; muitos não recebem um salário mínimo mensalmente; outros lêem e escrevem mal.[13] Mas, apesar de tudo isso, as autoridades esperam que o professor, assim, de hora para outra, aprenda assuntos que nunca foram sua escolha profissional; e também que, num passe de mágica, mude sua metodologia de ensino com entusiasmo e empenho (segurança ele vai buscar aonde?) — e que colha muitos e melhores resultados —, *mesmo que essa nova forma de ensinar demande reformas físicas que não aconteceram e verbas que não apareceram para adaptar a realidade de suas classes, lotadas, mal equipadas, às vezes multisseriadas...*

Posturas desse tipo podem de fato melhorar a qualidade da Educação? É o que sinceramente me pergunto.

Há real intenção de melhorar a Educação atuando dessa forma?

Nas últimas décadas, autoridades educacionais vêm adotando medidas que parecem ignorar (desconsiderar?) as condições reais de trabalho nas salas de aula. Se não ignoram, pior ainda, porque nada foi feito para que tais medidas dessem certo. Treinamento adequado e suficiente, previsão e provisão de equipamentos, só para citar duas. Mas a mudança, ah! Essa é implantada imediatamente... Por isso — ainda que respaldadas do ponto de vista de teoria pedagógica "de ponta" —, transformam-se em mais fracassos.

---

[13] Reproduzo dois extratos de textos elaborados por docentes: "Comprei o sapato *citado à onze* anos"; "Ele nem sabe quanto o *adimiro*".

Para que tivessem sucesso, deveriam ter sido *precedidas* por mudanças na infra-estrutura e por treinamento sério dos docentes. Em resumo, o que temos visto acontecer é:

No Brasil, as mudanças educacionais têm sido "de papel", ocorrem na "lei". Mas lá na sua sala de aula, o professor não recebe o treinamento de que necessita para efetivar com segurança o novo modelo. Muito menos chegam a ele os suportes necessários de infra-estrutura física, material, ou os equipamentos que poderiam ao menos possibilitar alguma chance de sucesso.

Relação professor-aluno, o afeto como método

Além desse contexto de mudança metodológica acelerada, as novas teorias também trouxeram alterações profundas no que se refere à relação professor-aluno — que se supervalorizou. O bom professor é "amigo" dos alunos. Ponto.

Pequena pausa para reflexão:
Será que um professor do "nosso tempo" de primário, mesmo aqueles hoje considerados "antiquados" para os padrões atuais, mas que nos ensinava com empenho, que era justo, respeitoso, dedicado, trabalhador, preocupado em fazer aprender — ainda que sério e carrancudo — não era nosso amigo? E o que é afinal um "professor amigo"? Não seria o que nos fez (e faz) aprender — e bem?

Ser amigo dos alunos passou a significar antes de tudo ser compreensivo e aceitar as diferenças individuais como algo definido — e definitivo. A teoria pode não ter pretendido isso, mas, no nível prático, qualquer intervenção em termos de controle de disciplina ou de avaliação (de comportamento e de saberes) é atualmente entendida como ameaçadora à "boa relação".

Os "melhores" professores passaram a ser aqueles cujos alunos "os adoram", não importa tanto se ensinam ou não. O importante é compreender, entender as dificuldades, considerar seus problemas emocionais, sua classe social (dentro desse enfoque, alunos de classes menos favorecidas *precisam ser compensados afetivamente,* e não como deveria, *superando deficiências de saberes que efetivamente impedem seu progresso financeiro e social*) e ajudar a superá-los do ponto de vista emocional-afetivo. Professor torna-se, nesse contexto, sinônimo de "especialista em relações humanas". Aliás, "professor", ao que parece, é termo que nem deve mais ser empregado. Sugere-se educador ou facilitador... Como se, mudando o nome, tudo o mais ficasse resolvido! E não fica — basta ver nossos resultados!

A idéia de entender as diferenças e dificuldades individuais é perfeita. Desde que — como educadores, professores, facilitadores ou que nome tenha —, além de aceitar as particularidades do indivíduo, agíssemos de forma efetiva para superá-las, *principalmente em termos de aprendizagem.*

Só compreender é muito pouco. Só aceitar, também.

É preciso que a escola cumpra seu papel. Que é, antes de tudo, preparar o aluno (e, por meio dele, a sociedade) para crescer intelectual, reflexiva e tecnicamente para poder enfrentar o mundo tal como ele se nos apresenta hoje, com todas as suas dificuldades de emprego, exigências de qualidade etc. Focar, única ou prioritariamente, o aspecto emocional é trabalho para psicólogos e terapeutas, não para quem tem compromisso com a qualidade da aprendizagem.

Compreendidos nossos jovens têm que ser, sim, sem dúvida, mas *superando suas dificuldades de aprendizagem sempre.*

É assim que o aluno precisa ser amparado.

Acreditar no potencial do ser humano, na real capacidade de vencer e superar seus problemas e deficiências é essencial para que o professor não se aliene do seu real objetivo...

Reprovação, causa ou conseqüência?

Intrinsecamente relacionada à questão anterior, a forma de pensar a aprovação/reprovação de alunos merece destaque pelo foco que assumiu nas últimas décadas.

Transcrevo a seguir dois pequenos textos, extraídos de artigos publicados em revistas de educação, assinados por profissionais da área (aos quais, faço questão de esclarecer, não estou criticando conceitualmente, e a quem dedico muito respeito). Como esses dois, poderiam ser centenas de outros, que continuamente vêm sendo publicados, dentro desse mesmo enfoque. A seleção foi, portanto, aleatória, e o objetivo, levar o leitor a refletir sobre de que forma determinadas afirmativas, especialmente as categóricas, vindas de formadores de opinião altamente qualificados, ressoam e modificam a práxis docente:

> *O professor é o único profissional cujo fracasso é atribuído, automaticamente, a suas vítimas: se o aluno não aprende é que não estudou e não por culpa do professor. Enquanto o professor tiver o poder de destruir o aluno mediante reprovação, o sistema escolar estará, fundamentalmente, corrompido pela coação irresistível.*[14]

> *O papel do professor é cuidar para que os que não escrevem tão bem sejam mais cuidados do que aqueles que já escrevem bem. O que se faz, entretanto? Apenas se enaltece a competição, divulgando notas e prêmios. Divulgam-se resultados (avaliação classificatória) e nada se faz para oportunizar aos que precisam de ajuda para avançarem naquelas áreas. Com certeza, esses que não escrevem bem, por exemplo, também são melhores em outros aspectos da escola ou da vida. Muitas vezes são jovens que têm que trabalhar para sustentar a família, são ótimos músicos, são excelentes jogadores de futebol. E a escola tende a desconsiderar essas áreas como de menor valor! Não são! Trata-se de pessoas diferentes, só isso!... A comparação é nociva em qualquer circunstância, porque sempre crianças e jovens sairão perdendo com isso.*[15]

Importante ressaltar que ambos os textos se baseiam em modernos conceitos da área de avaliação. Não há, nas afirmativas, erros conceituais ou propósitos outros que não aper-

---

[14]CAMPBELL, S. "Propósitos da avaliação da aprendizagem". *In ABC Educatio*, p. 27, ano 6, n° 50, outubro de 2005.
[15]HOFFMANN, J. "Por uma mudança efetiva na avaliação". In Direcional Escolas, pp. 4-8, ano 1, n° 9, outubro de 2005.

feiçoar o processo. Percebe-se (especialmente lendo-os na íntegra, o que recomendo) o objetivo de esclarecer, informar e orientar o processo de avaliação — que realmente ainda continua mal compreendido e mal executado em grande parte dos casos. O que me preocupa — e me parece forte demais, daí a importância de se repensar — são essas formas afirmativas e categóricas com que se traduz a teoria — *"o professor, ao reprovar, destrói o aluno"; "o sistema estará corrompido pela coação irresistível" ou "a comparação é nociva sempre"* — e sua repercussão na prática pedagógica.

É imenso o número de especialistas que afirma ser a avaliação um recurso autoritário, elitista, de manutenção do *status quo*, de submissão etc.

Esse conceito, amplamente difundido, só é verdadeiro se o professor utilizar de forma incorreta a avaliação. Porque nada é bom ou mau *em si*. O uso que se faz dos objetos, das idéias, das palavras é que pode ser bom ou mau, adequado ou inadequado, útil ou nocivo. As afirmativas acima grifadas são, portanto, *verdadeiras, porém apenas em parte...*

O rendimento do aluno de fato depende diretamente do trabalho docente. Se ele ensina bem, usa metodologia adequada, incentiva e cria oportunidades de reflexão, revisão e fixação, se há recuperação paralela *sempre*, em boa parte dos casos o aluno atinge os objetivos desejados. Em tese — é preciso deixar bem claro. Porque a aprendizagem não obedece a uma relação de causalidade inequívoca... A aprendizagem não depende apenas dos recursos de ensino, nem apenas do professor, mas também de muitas outras variáveis... Condições de trabalho, remuneração adequada dos docentes, formação e atualização dos professores, infra-estrutura física, sem falar nas condições dos educandos.

As afirmativas destacadas (sem demérito algum às autoras) estão, a meu ver, carregadas de imenso laivo *psicologizante*, que, de tão imbricado no pensamento da maioria, se tornou nos nossos dias difícil até de ser percebido — especialmente por quem ama ensinar e está imbuído dos melhores propósitos humanísticos. Mas reafirmo: *reprovação não destrói aluno*. Se isso fosse verdade, quantos de nós estaríamos vivos e produtivos hoje?

É saudável considerar, além do mais, que o homem não é apenas psique. É também um ser social. Somos indivíduos constituídos de capacidade de auto-superação, de características que nos diferenciam e que nos revelam mais complexos do que os textos citados sugerem. O ser humano é capaz de superar dificuldades inimagináveis. Sob incrível tortura, resistir para salvar a vida de um amigo. Passando sede, fome, frio e necessidades terríveis, persistir, resistir e sobreviver, como ocorreu no Holocausto... É capaz também de motivar-se, de estabelecer metas e objetivos de vida, de lutar com inesgotáveis e insuspeitados recursos para satisfazer súbitas necessidades ou desejos, bem menos essenciais do que aqueles aos quais nos referimos acima...

Na sociedade de consumo, no dia-a-dia dos nossos alunos, isso pode significar coisa bem diferente: juntar durante semanas ou meses um dinheirinho, fazer "bicos" para "ganhar um extra" até conseguir comprar um determinado tênis de determinada marca, cobiçado por todos os jovens naquele momento. Como se vê, as novas gerações são perfeitamente capazes de se superar e alcançar objetivos para os quais estejam motivadas. E que vão além dos meramente constituídos pela ação do professor. São também capazes de reconhecer suas próprias responsabilidades (e irresponsabilidades), de decidir o que desejam ou não fazer. Trazem consigo, desde o nascimento, mecanismos inatos de reequilibração face a dificuldades, assim como um equipamento cognitivo particular que determinará a forma peculiar e individual de reagir diante do sucesso ou do fracasso.

Incentivado adequadamente, o jovem pode canalizar esse potencial para superar dificuldades de aprendizagem também, por que não? Bem, o leitor dirá, é isso que, se espera, o professor faça. Certo. Mas o aluno, com igual força, tem que ter consciência de que o saber, a aprendizagem, é um trunfo *para ele, aluno*. Que tem que ter tanto empenho para alcançar esse propósito quanto tem para comprar o tênis "de marca"...

Portanto, ao aceitarmos como verdade que *"cabe ao professor despertar a motivação dos alunos"* (e nesse caso fica implícita a idéia de que cabe unicamente ao professor, visto que nada mais se acrescenta à premissa), restringimos e subestimamos a capacidade dos jovens no seu processo de independentização, de responsabilização social, assim como ignoramos o livre-arbítrio — do qual somos todos dotados. A responsabilidade da aprendizagem também é uma função do aluno — não apenas da escola ou do professor.

Em função disso, hoje, os alunos esperam que a *performance* do professor se assemelhe à de um *showman*, uma espécie de mágico que os encante... Esperam também que em cada aula o mestre lhes apresente desafios, questões engraçadas, divertidas e interessantíssimas, além de ter a capacidade de gerir os inúmeros (e cada dia mais violentos) conflitos que ocorrem em sala, decorrentes da falta de limites e da violência social. Esperam, além do mais, que o professor consiga trabalhar integrando os conteúdos básicos (leitura, escrita, cálculos básicos) e os temas transversais (Educação para o Trânsito, por exemplo!), porque sozinhos (tem muito profissional da área escrevendo isso) os alunos, coitadinhos, não vão conseguir formar o todo...

Só não sabem, esses pobres alunos, formados e iludidos por essa visão idealizada do que seja "ensino moderno", que as condições de formação e de trabalho docentes não mudaram... E não sabem também que o que hoje é criticado por alunos — e por muitos renomados docentes como "conteúdos desinteressantes" — poderá a médio prazo ser exigência para que possam sobreviver financeiramente sozinhos...

Mas a gente não gosta e não quer ler, nem fazer redação, tudo na escola é chato! Estudar Geografia, então, nem pensar, não vamos viajar, nem nada, isso vai servir pra quê, né?...

Esperam, acima de tudo, que o querido mestre coadune tudo isso com alguma fórmula especial que os faça interessar-se pelo que está sendo desenvolvido na aula — seja um conteúdo, uma habilidade ou uma nova competência. Então, se a aula não está tão "maneira" como navegar na Internet, jogar um joguinho eletrônico na *lan-house* mais próxima de casa — então nesse caso...

Me desculpem, tô fora! Nada a ver com o que "eu gosto"! Vou é pra casa falar mal desse professor no meu blog! Acho melhor... demais!!!!

Antes de Freud, ninguém era "destruído" por uma nota zero ou por uma reprovação (*nota zero*, aliás, é expressão que causa grande comoção e repulsa nos meios educacionais. Em geral, quem avalia apenas por meio de provas e notas quase automaticamente passa a ser considerado "carta fora do baralho", professor antiquado, autoritário, desconhecedor das modernas teorias de aprendizagem). É óbvio que ninguém se sente feliz em ser reprovado ou em tirar zero, mas, se foi surpreendido com o gabarito que "pegou" de um coordenador mais distraído, ou se não estudou absolutamente nada o ano todo... Tem ou não que assumir as conseqüências dos seus atos? Não defendemos hoje uma escola que dê oportunidades iguais a todos? Então o que estamos fazendo? Fingindo que o aluno aprendeu e deixando que ele progrida na *numeração* da série? Está na 4ª, na 5ª, na 8ª, mas não só não aprendeu a ler e escrever, como também não aprendeu a se esforçar, a lutar pela vida e fazer jus ao direito à educação que a lei lhe garante!

É assim que formamos cidadãos?

Se, anos mais tarde, trabalhando num escritório, fábrica ou em qualquer emprego, não produzir nada, o que ocorrerá? Será dispensado, demitido. Sem tirar nem pôr. E o que estamos ensinando na escola de hoje? Que responder pelas suas ações "dá" trauma? Que, se a aula não versa sobre um conteúdo fácil ou divertido ou de uso imediato, ele não precisa aprender, e tem direito de achar que é o professor que não sabe trabalhar direito? Estamos formando nas novas gerações o conceito de que, na vida, as coisas vão ser fáceis e divertidas sempre? Desacreditamos tanto na capacidade dos nossos jovens a ponto de os considerarmos incapazes de juntar, de reunir num todo, transferindo conhecimentos, o que aprendem nas aulas de Geografia, Matemática ou Literatura? Essa "facilitação" não seria o fator incapacitante? Não menospreza o aluno? Não é superproteção?

Se um aluno é retido numa série (após uma avaliação justa, reitero), acreditamos *mesmo* que ele não tem reservas e forças internas, emocionais e cognitivas, que o capacitam a "encarar os amigos" que foram promovidos — porque estudaram? Diz-se que hoje a escola deve desenvolver competências (mais que ensinar "conteúdos" — tem gente que usa o termo com repulsa, como se aprender conteúdo fosse algo desprezível). Tudo bem. Gostaria que alguém me convencesse de que desenvolver consciência e responsabilidade sobre seu próprio desempenho não é uma competência — aliás, essencial nos dias de hoje...

O que faz de fato mal é a injustiça e a falta de oportunidade. Quer dizer, se o aluno aprendeu, atingiu os objetivos mínimos ou até bem mais, mas ainda assim foi reprovado, avaliado inadequadamente, aí é diferente. Ficar revoltado, com baixa auto-estima ou "traumatizado" — nesse caso, sim — é perfeitamente possível. Mas em que percentual isso ocorre nas nossas salas de aula?[16] Alguém já fez alguma

[16]MEC, Inep, Pesquisa Nacional Qualidade da Educação. A Escola Pública na Opinião dos Pais. Maio/2005:
"Mais de 78,8% dos pais ou responsáveis afirmaram que os filhos não costumam reclamar da forma como são avaliados na escola e deram nota média de 8,3 para a forma como os docentes julgam o desempenho dos alunos. Entretanto, 80,6% dos pais ou responsáveis entrevistados concordam com a frase "o medo da reprovação faz os alunos estudarem mais" e para 58,3% "os trabalhos para complementar as notas fazem com que os alunos estudem menos". E, por fim, para 62,8%, "a aprovação no final do ano está muito fácil".

pesquisa séria, científica, a respeito? Em suma, tudo vai depender da forma pela qual o processo acontece *antes, durante e ao final.*

Se o professor usou recursos metodológicos adequados, fez avaliação contínua, deu várias oportunidades de fixação e revisão de conteúdos, avaliou de novo, promoveu recuperação, enfim, deu de fato assistência ao aluno, e ele, ainda assim, não atingiu os objetivos mínimos necessários à continuidade dos estudos nas séries seguintes — nesse caso, reprovar *não destrói.*

O enfoque que se infiltrou na educação parece querer fazer crer que, de hora para outra, o homem perdeu todo o seu potencial de luta, de reação às dificuldades e às frustrações. É como se tivesse se tornado incapaz de reagir a qualquer problema ou dificuldade. No modelo tradicional de ensino, em que o poder do professor era total (e a injustiça, por isso mesmo, bem mais provável), os educadores pareciam crer que os alunos eram estóicos.[17] Agora, numa mudança de 180 graus, parecemos acreditar que somente por meio do hedonismo[18] é possível aprender... Porque sempre tanto exagero, porque não ficarmos no equilibrado meio-termo aristotélico? Afinal, o que é hoje a vida fora da escola? Não há competição? As pessoas não são avaliadas? Os postos de trabalho estão aí, só esperando as novas gerações assumi-los? Ao contrário! Todos nos queixamos de que hoje a sobrevivência — trabalho, moradia, salário —

---

[17]Denominação dada à linha filosófica do grego Zenão de Cício (340-264) e seus seguidores, que buscavam a impassibilidade em face da dor, da adversidade e do infortúnio.
[18]Filosofia que considera o prazer individual e imediato o único bem possível, princípio e fim da vida.

está difícil. E todos (até boa parte dos grandes herdeiros de impérios financeiros têm que ter competência) temos que viver essa realidade, concordemos com ela ou não! Podemos lutar, sim, para que a realidade mude, mas, enquanto isso não acontece, classe A e B no Brasil são os que têm renda familiar em torno de três mil reais! E sabemos que são menos de 10% da população... E as outras classes?

Como julgar, diante dessa realidade, que a escola não tem como compromisso preparar os alunos para que tenham melhores chances na vida concreta, que existe lá fora? Querer que o filho faça o curso superior na melhor universidade (em qualquer área de conhecimento) não é crime nenhum, é realismo, é amor... *E a escola que trabalha com qualidade faz perfeitamente as duas coisas* (que eu pessoalmente vejo como uma apenas): ensinar muito bem as competências e saberes que a sociedade atual exige e formar cidadãos conscientes, solidários — não predadores sociais. Quem disse que uma coisa é incompatível com a outra? Quem é que acha que há aí alguma dicotomia? E baseado em que se fazem essas afirmativas?

Pode ser poético imaginar uma escola em que os alunos riem do momento da entrada ao da saída; em que todos os docentes são incrivelmente criativos e imaginosos a ponto de o aluno "aprender brincando"; em que toda a equipe se reúne uma vez por semana ou mais para planejar aulas integradas; em que todos os docentes têm tempo e condições de infra-estrutura para, em vez de *falar* sobre vegetais, *levar* seus quarenta alunos ao Jardim Botânico para ver *in loco* cada folha, cada formato, cada raiz; uma escola também em que todos os colegas são legais, não há agressividade, nem grupinhos, nem *bullying*.... Não há dúvida — é um sonho e é poético!

Mas onde estamos *agora* no Brasil, *falando da realidade*? Somos um dos países que mais têm analfabetos adultos, analfabetos jovens e... estudantes quase analfabetos! Somos um país que ainda não levou a sério o propósito de educar sua gente. As medidas que tomam os governantes são por vezes risíveis ou inacreditáveis em suas contradições ideológicas[19] e até legais. Então, como e por que pregar a implantação de formas de ensinar que nem nos países mais ricos e com igualdade social existe ainda?

Preparar para a vida — um dos objetivos inerentes à escola moderna — não inclui entre as competências a serem desenvolvidas a capacidade de luta, de superação, de crescimento pessoal (luta ética, legal e transparente, bem esclarecido)? E ainda se condenam os pais e as escolas que "preparam para o vestibular"! Como se fosse um absurdo um pai querer dar ao filho melhores oportunidades no futuro! E será que as escolas que preparam bem para o vestibular *realmente* ensinam mal? Não formam cidadãos? Será que sempre se tem que escolher entre uma coisa e outra? Por que não as duas?

Há muitas escolas que fazem as duas muito bem! As provas do vestibular de acesso às mais bem conceituadas universidades (pelos critérios do próprio MEC) são exatamente aquelas que medem o grau e a capacidade de o aluno refletir, analisar e avaliar, enfim, de transferir conhecimento! Essas *não são certamente* as que avaliam o conhecimento

---

[19]Acredito que o leitor recorde — não quero citar nomes — que recentemente, no estado do Rio de Janeiro, se tentou proibir o ensino da lei da evolução de Darwin...

chamado de bancário por Paulo Freire... Analisem algumas dessas provas! Estão à disposição de quem queira, nos *sites*, nos jornais educativos — é só procurar...

Então por que será que somente no ensino básico brasileiro crianças e jovens são considerados tão indefesos, sem atributos, sem capacidade de vencer obstáculos (estudar, prestar atenção, se concentrar, suar a camisa) a ponto de não suportarem uma nota baixa ou uma sanção educacional? Quem realmente não estudou nada, não estava nem aí para prestar atenção, se envolver — e esses existem também — terão mais tarde, na vida em sociedade, capacidade de luta, caso forem ascendendo sem esforço algum até a 8ª série? Na hora de trabalhar, alguma empresa vai pensar na auto-estima dele? Ou na capacidade incrível de fazer "embaixadinhas" ou de cantar bem? Só se for esse o tipo de competência requerida para a vaga... E somente nesse caso!

Ao avaliar determinada habilidade — por exemplo, fazer cálculos matemáticos simples envolvendo multiplicação —, o professor tem que averiguar se essa habilidade (e não outra) foi adquirida por cada um de seus alunos. A partir daí, tomará decisões pedagógicas relacionadas (dar novos conceitos, rever os que não foram assimilados, explicar tudo de novo de outra forma etc.) Não pode — nesse momento — pensar, *ah, o João não acertou nenhum dos exercícios propostos, mas como ele é ótimo para organizar as festas da turma, não posso dar a ele um conceito insatisfatório.*

Pode sim! Simplesmente porque o fato é que — a despeito de outras capacidades que o João possua — *nesse* aspecto específico ele não logrou o que seria o mínimo desejável. Também dentro da mesma linha (não competitiva, nem destruidora), o docente pode dar conceitos altos ou "nota dez" aos que demonstraram dominar aquele conteúdo, competência ou habilidade. Chama-se a isso "comparar"? Não. *Isso é ser justo na avaliação daquele tópico.*

Já em outro momento, quando for verificar outra competência, por exemplo, capacidade de organização de eventos, o João poderá ter a sua "nota dez" ou o seu conceito excelente. E outros não — se não tiverem boa *performance*. O que não se pode é misturar alhos com bugalhos, porque em vez de estarmos sendo justos e fazendo uma avaliação mais completa e complexa (como se quer hoje), em pouco tempo ficaremos incapacitados para analisar ou julgar o crescimento dos alunos e o trabalho desenvolvido. Os dados colhidos no processo avaliativo, já que é a isso que a avaliação moderna se propõe (visualizar, concluir e analisar a situação para agir de forma a melhorar o processo e o produto), precisam ser analisados objetivamente!

Dizer que nossas escolas só se preocupam com competição e comparação é uma perigosa generalização. A escola se preocupa com isso *também*, mas em parte. Há várias décadas que o sentido de avaliar mudou, passando a englobar vários aspectos.[20] Ainda assim, os resultados que o MEC,

---

[20]Modernamente se preconiza a avaliação de todo o processo de aprendizagem, e não apenas do produto ao fim dos trabalhos desenvolvidos. Considera-se imprescindível englobar, além das provas e testes usuais, a observação contínua do aluno individualmente no decorrer de todo o período de aulas. Na avaliação são considerados diversos atributos do desenvolvimento emocional, social e da inteligência. Para tanto, o professor deve utilizar variados instrumentos, como fichas de observação para aferir habilidades e competências; trabalhos individuais e de grupo; auto-avaliação etc. Para julgar adequadamente o desempenho dos alunos, devem ser considerados aspectos cognitivos, motores, afetivo-emocionais, além de habilidades sociais, como inserção social e relacionamento pessoal.

Inep, Unesco e outras entidades vêm colhendo — como já mostramos — não traduzem melhorias do ponto de vista qualitativo.

Ignorar que, no Brasil, boa parte dos alunos que chegam ao professor, a cada início de ano, está despreparada para o nível em que se encontra (seja por falta de pré-requisitos, deficiências escolares anteriores, problemas familiares, sociais) é desconhecer a realidade tanto da rede pública quanto de parte da particular. No entanto, é nesse exato momento que os docentes vêm percebendo que há uma pressão — sutil às vezes, inequívoca em outras — no sentido de diminuir o número de alunos com notas ou conceitos "baixos". Não é algo explícito, mas há uma percepção de que se deve *evitar reprovar*. Isso no que se refere ao ensino particular, porque na rede pública a adoção do ensino por ciclos e a progressão continuada acabou com o problema nas primeiras séries — pelo menos o da falta de vagas...

Promover um aluno é uma grande alegria para todo professor consciente, mas aprovar quem não alcançou os objetivos educacionais mínimos da série é angustiante. Porque um bom profissional sabe que está condenando essa criança ao fracasso maior — o fracasso na vida.

Estou exagerando? Não. Hoje se exigem mais saber e competência mesmo em profissões que em princípio não exigem grande formação. E o aluno sai da 8ª série mal sabendo preencher um formulário?!...

É a isso que chamamos "assistir emocional e afetivamente"?

Enquanto isso, na escola... /

"A retenção traumatiza o aluno", afirmam especialistas, sem, contudo, revelar em que estudos *científicos* se baseiam, que comprovam a veracidade da relação. A reprovação também é apontada como principal responsável pela evasão escolar.

Pausa para reflexão:
Por que o aluno abandona a escola?
Por ter sido reprovado duas, três vezes — ou por não ter aprendido? Por que ficou com "baixa auto-estima" — ou por perceber que, após anos, continua sem saber ler, escrever, entender um gráfico? Por estar "traumatizado" — ou por ter perdido a esperança de progredir? Por ter sido reprovado — ou porque precisa sobreviver, e dali, ele já compreendeu, nada mais virá?

Devolve-se a esperança a uma criança ou jovem entregando-lhe um certificado de conclusão do Ensino Básico, ainda que ele se perceba despreparado para lutar pela vida?

O sistema de ciclos e a progressão continuada resolvem o problema da *qualidade do ensino*? Devolvem realmente a auto-estima ao aluno?

A "progressão continuada" (sem sua gêmea siamesa "aprendizagem de qualidade") faz o aluno recuperar a fé na escola e em si próprio? Ou apenas ajuda a reconduzi-lo à sala de aula, agora com a garantia (aprenda ou não) de que finalizará o curso? Trata-se de remédio ou placebo?[21] Manobra político-administrativa, para melhorar o fluxo de vagas nas escolas públicas?

Poderá algum leitor dizer: "Mas, Tânia, em muitos países que tiveram excelentes resultados, Espanha e Coréia do Sul, por exemplo, adotou-se e adota-se a progressão continuada! Por que não pode dar certo no Brasil?".

Porque não se trata de apenas mudar a forma de progressão! Nesses países, a progressão continuada foi apenas uma dentre *toda uma série de medidas,* tão ou mais importantes. Essencial foi que se deu prioridade à Educação Básica, o que significou investimento financeiro maciço — e que chegou ao destino de fato... No Brasil se gasta onze vezes mais com Educação Superior do que com o Ensino Básico! Nos países citados, a relação é de apenas o dobro. Além dessa diferença fundamental, é plano ainda do MEC investir, até final de 2006, 75% dos recursos financeiros de que dispõe, inaugurando mais 35 universidades federais *(ai de nós!).*

A atual Lei de Diretrizes e Bases já fez nove anos! Está na pré-adolescência! Estipula a obrigatoriedade da educação pré-escolar; o ensino fundamental com nove anos de duração; a formação em nível superior dos docentes; o aumento gradual do número de horas dos alunos nas escolas (acabar com os três turnos nas escolas públicas, que reduz a jornada diária de aulas para três horas e meia); a obrigatoriedade da recuperação paralela; entre outras excelen-

---

[21]Forma farmacêutica sem atividade, cujo aspecto é idêntico ao de outra farmacologicamente ativa. Holanda, A.B. *Dicionário virtual da língua portuguesa, Século XXI.*

tes propostas. A Década da Educação instituída pela LDB, termina em final de 2006...

Temos uma lei ótima! Mas onde estão os resultados?

O professor refém

Final da história. Repito com tristeza: *professor hoje é refém! Refém, primeiramente, da má qualidade de ensino* que ele próprio recebeu. Afinal, também o professor começou como aluno — ou não?

E, se a Educação Básica é de má qualidade (sendo otimista, há pelo menos duas décadas), foi essa a qualidade de ensino que o professor recebeu. Bem ou mal, está formado. E logo começou a trabalhar (Falta tanta coisa em educação, mas emprego é das poucas que há de sobra...). Começa trabalhando em um colégio, mas, ganhando o que ganha, logo percebe que precisa de mais... Em pouco tempo está em outros dois — e começa a correr sem parar, para poder cobrir suas necessidades um pouco mais dignamente; para não se atrasar; para corrigir as provas de tantos alunos... Está, pois, sobrecarregado. Mas, a cada dia, a cada ano, novos objetivos, novas metodologias, novas formas de avaliação vão surgindo. Ele está sem tempo até para corrigir uma prova daquelas comuns, sabe, de múltipla escolha — imagine avaliar qualitativamente! Tem quatrocentos alunos! Vá lá saber qual é qual, quem é quem! Alguém da coordenação explica numa reunião que o importante agora é que os professores trabalhem em conjunto, integrando os componentes curriculares, fazendo com que o aluno participe mais etc. etc. etc. Ele até concorda — teoricamente. O Método de Projetos é in-crí-vel! Ele também acredita nisso — mesmo! Mas a maioria não tem tempo para se reunir, outros não querem mais trabalho do que já têm. Como fazer então? Por outro lado, boa parte dos professores não sabe ainda nem como planejar nem como executar o novo método, afinal tiveram uma ou duas reuniões com as equipes das coordenadorias regionais para "conhecerem" o processo — e mais nada, porque aprender mesmo é outra coisa... Bem, ele tem que concordar: trabalhar com projetos pode até ser melhor em termos de resultados finais, mas que é mais complexo do que fazer um plano de aula simples, lá isso também é verdade... Tem que planejar, integrar as atividades, desenvolver o processo e avaliar em conjunto! Senão, não funciona. Portanto, ainda que queira, não consegue e acaba fazendo do jeito que sabe — do jeito que dá, na verdade!

Mas o professor consciente, aquele que trabalha de forma digna e produtiva (em Educação, como em qualquer área, há quem não se preocupe com a qualidade do trabalho, assim como existem os que nem consciência têm de suas deficiências, sejam metodológicas ou de conteúdo), é refém também de outras variáveis, além da formação deficiente que ele próprio recebeu.

O professor é refém também:

- do tempo de que necessita, mas de que não dispõe, para superar deficiências básicas de formação;
- das pressões internas que sofre do sistema — que o impulsiona a implementar técnicas e métodos que lhe exigem dedicação quase individual a cada aluno — e que ele não consegue, porque não "dá tempo";
- da própria consciência que lhe revela sua impotência para realizar uma avaliação qualitativa, tal qual se preconiza atualmente;
- dos alunos, que hoje o enfrentam e desafiam abertamente, em muitos casos;
- da família dos alunos, que perdeu a autoridade sobre os filhos e pressiona a escola para fazê-lo em seu lugar;
- da sociedade, que volta e meia surpreende professores e gestores com medidas cautelares, mandados de segurança e processos...

Outra pausa para reflexão:
Dá para imaginar, sem muito esforço, o que sente e pensa um professor em tal situação, não dá? Imaginemos então:

Aí, em meio à correria e pressões do dia-a-dia, um aluno grita com ele, depois o ofende e desautoriza diante dos demais... Ele não responde, porque sabe que não deve, fala com cautela que terão um encontro na coordenação para reverem o ocorrido, mas o aluno sai da sala sem que ele autorize e ainda bate com a porta! À sua volta os demais jovens o encaram; há expectativa — alguns com certa ironia no olhar, outros com pena... Ele continua a aula, mas fica deprimido, sentindo-se, meio assim, como dizer? Sem autoridade? Talvez, mas não só! Sem coragem! Ah, isso sim, sem coragem de fazer o que o moderno currículo preco-

niza: formar cidadãos! Mas ele não está se sentindo cidadão, sabe?
Porque tem medo de ser agredido, despedido, humilhado ou até...
assassinado! Portanto, além de sem coragem e sem autoridade
— sem dignidade o que é muito pior! Sim, porque esse aluno,
que saiu batendo a porta, disse que é ele quem paga o seu salá-
rio... Gritando assim, bem alto, na sala de aula... Na coordena-
ção tentaram conversar, mas o aluno sacou o celular e ligou para
a mãe e... "fez queixa do professor"!

E, então, conversando mais tarde com o coordenador, foi
aconselhado a ir levando, com jeito, porque, sabe, as coisas
hoje estão difíceis, os pais vivem em pé de guerra com a esco-
la! Por tudo e por nada, ameaçam mudar para outro colégio,
entrar com mandado de segurança ou processar... Mas o co-
lega que volta com ele de ônibus para casa, porque são vizi-
nhos, trabalha na escola pública, sabe? E lá a coisa é pior
ainda! Os alunos — alguns é claro — vêm até com arma para
sala de aula e mostram para os colegas ou deixam o professor
perceber, assim como quem não quer nada, sabe como?[22]

Nem só de derrotas vive o ensino, sem dúvida. A todo momento ouve-se: hoje quase toda a população entre 7 e 14 anos está na escola! É verdade, mas será esse de fato um

---

[22]Presença de alunos sob efeito de álcool, drogas ou portando armas em sala de aula, segundo professores de Língua Portuguesa da 3ª série do Ensino Médio, Saeb 2003.

Presença de alunos (em %)	Sim	Não	NR
sob efeito de álcool	15,4	80,1	4,5
sob efeito de drogas ilícitas	13,3	82	4,7
com armas brancas	4,2	91,2	4,6
com armas de fogo	2,9	92,3	4,8

Fonte: Inep/MEC

"grande sucesso"? Um observador menos envolvido pode facilmente ter a impressão de que a repetência diminuiu e, conseqüentemente, a evasão. Para o aluno e sua família, porém, não será uma decepção profunda perceber, anos depois, que o jovem concluiu o Ensino Fundamental, mas não está apto a um emprego dos mais simples? Afinal, ele não aprendeu a ler, a contar...

Também não é sintomático que a rede privada de ensino não tenha adotado o sistema de ciclos/progressão automática? Por que será? E, muito embora se tente assegurar que a qualidade de ensino na rede pública não é inferior à da rede privada, como explicar o fato de que a maioria dos professores (54%), mesmo os da rede pública, matricula seus próprios filhos em escolas particulares?[23]

A aprovação absoluta seria um êxito espetacular se resultasse, obviamente, da concretização de um trabalho de qualidade em que os alunos tivessem alcançado os objetivos educacionais mínimos (que já são mínimos exatamente por representarem cerca de apenas 50% do que se pretende atingir) de cada série. Aí sim! Que maravilha! Acabaríamos com a reprovação, as vagas estariam sobrando para atender à demanda, mas — o melhor de tudo — os alunos estariam progredindo DE VERDADE. Não teríamos o dissabor de comprovar, por meio do Enem ou do Saeb (avaliações feitas pelo próprio Ministério da Educação) o que cada professor sabe: que o ensino está cada vez pior, que, a cada ano, mais e mais alunos concluem o Ensino

[23]Unesco, MEC, Inep. *O perfil do professor brasileiro: O que fazem, o que pensam, o que almejam.* Moderna, 2005.

Básico sem saber, por vezes, nem interpretar um texto na língua materna.

A supervalorização da relação professor/aluno tornou-se uma faca de dois gumes. Sem dúvida, foi um avanço acabar com o autoritarismo dando vez ao entendimento e ao diálogo nas escolas (?). Mas a distorção na interpretação do que seja uma "boa relação professor/aluno" abriu caminho para o desrespeito e até para agressões físicas a professores. Provavelmente muitos recordam o caso da vice-diretora de uma escola na cidade de Jacareí, em São Paulo, atingida por um tiro disparado por um aluno inconformado com uma sanção recebida. Recentemente outra escola, em Friburgo, cidade do Estado do Rio de Janeiro, foi fechada por conta de ameaças à vida de alunos e profissionais! E outros episódios, como o do professor que teve recentemente seu carro depredado por um aluno aborrecido com uma nota baixa.

E como interpretar o comentário da então presidente do grêmio estudantil do Cefet (uma escola técnica federal do Rio de Janeiro) que, entrevistada por jornalistas após a explosão de uma bomba dentro da instituição, que decepou a mão de uma professora, afirmou convicta: "Ela não é muito querida pelos alunos." Não estaria essa jovem exteriorizando a idéia de que, em se tratando de um professor "pouco querido", o horror do ato violento e covarde bem como a agressão irresponsável de certa forma seriam justificáveis, num contexto em que a relação professor-aluno se tornou o que de mais importante a escola tem a oferecer?

Que mundo é esse em que o equilíbrio emocional, a tolerância e a capacidade de encarar conseqüências de suas próprias decisões (não estudar o suficiente, por exemplo) foram obliterados pelo individualismo exacerbado, o interesse pessoal e o pragmatismo enlouquecido? Pobre de nós, no Brasil e no mundo, se todos pensarem dessa forma! A continuar o processo, talvez em breve ninguém mais ouse ser professor. Já é bem alto o número de professores que, a cada dia, decidem abandonar a carreira:[24]

> *"O contínuo crescimento da população e a deterioração das condições de trabalho estão provocando uma escassez de professores no mundo inteiro, o que poderia afetar seriamente a qualidade da educação", aponta o estudo, intitulado Perfil Estatístico da Profissão Docente. Segundo o relatório, em 1997 havia um total de 59 milhões em todo o mundo. O número de crianças em idade escolar aumentou mais rapidamente do que o de professores na década de 1990, "até o ponto em que, em alguns países em desenvolvimento, existem mais de cem alunos por professor", destaca o estudo. Os autores do relatório mostram-se preocupados com "a deterioração das condições de trabalho e os baixos salários, que estão influenciando o número de professores necessários para a crescente quantidade de crianças escolarizadas no mundo".*

Os cursos de formação de professores estão se esvaziando. Se, além dos baixos rendimentos, os alunos continuarem achando que podem tudo; que o professor é o culpado por qualquer dificuldade relativa ao processo ensino-apren-

---

[24]Pesquisa OIT (Organização Internacional do Trabalho)/ Unesco (Organização das Nações Unidas para a Educação, Ciência e Cultura), 2005.

dizagem e que deve agir de acordo com o que os alunos desejam e não a partir de premissas educacionais definidas pelo saber técnico, então aí mesmo é que raramente encontraremos alguém desejoso de abraçar a carreira...

A relação professor/aluno é importante e inegável. De preferência, ela deve ser amistosa e afetuosa DE AMBAS AS PARTES. Não pode, porém, em hipótese alguma, ser o fator mais importante dentro da escola. A relação pedagógica tem que se embasar numa hierarquia (não rígida, nem autoritária, mas uma hierarquia), em que deve estar bem definido para o aluno que o professor é a autoridade. Mesmo que a exerça de forma democrática e participativa, em última análise, o professor tem o direito e o dever de manter em classe as condições que permitam que a aprendizagem ocorra. Sejam seus alunos crianças ou adolescentes. Dar ênfase aos aspectos psicológicos, às necessidades individuais e às fases do desenvolvimento do ser humano não exclui considerar e dar ênfase também a outros enfoques — tão importantes quanto. Aspectos sociológicos têm sido com freqüência esquecidos e até abandonados, numa visão simplista em que o psicologismo assume um papel preponderante, senão único. Há que se considerar urgentemente o homem como um ser social, gregário, apto a superar dificuldades e a se superar. A superproteção, gerada pelo equívoco dessa visão unicista, só tem trazido desserviços à sociedade.

Enquanto não voltarmos a compreender o ser humano em seus múltiplos aspectos — capaz de assimilar regras, de se auto-superar, de *entender e ver o outro* (enfoque sociológico) —, enquanto continuarmos a entronizar a psique como mais importante que os demais elementos que compõem o ser humano, não conseguiremos melhorar a qualidade e o nível de aprendizagem dos nossos alunos. Há que se estabelecer um mínimo de disciplina e organização nas nossas salas de aula.

Não se pode supervalorizar a relação professor/aluno, não em detrimento do saber. O professor não é psicólogo, não "trata" alunos. Ele pode e deve sim compreender os problemas, ser afetuoso e ajudar no que for possível em termos humanísticos, mas sua função precípua é ensinar. E ensinar bem, dominando o conteúdo e usando adequadas técnicas de ensino e de avaliação. Mas ensinando, que esta é a sua função. Caso contrário, estará fugindo ao compromisso básico da carreira que elegeu e na qual *batalhará* (professor não trabalha, batalha) por cerca de trinta anos de sua vida.

Professor é aquele que ensina.

CAPÍTULO 3

Objetivo do estudo

Em 2002, comecei a elaborar o projeto do que se tornou um amplo estudo, com o objetivo de colher dados concretos sobre o pensamento do professor brasileiro que atua em sala de aula. Pode não ser muito, perto do que precisamos no imenso mundo de necessidades da educação. No entanto, é uma pesquisa de campo inédita, realizada em escala representativa, e que aborda aspectos polêmicos da prática docente, tais como progressão continuada, auto-avaliação, avaliação qualitativa, metodologia, entre outros, diretamente ligados à qualidade do ensino, foco que, no momento, vem preocupando a todos que militam na área.

Continuo defendendo a cientificidade na Educação contra o experimentalismo inconseqüente, e, por isso mesmo, busquei projetar, executar e analisar esse trabalho de forma científica.

O propósito que me animou e conduziu durante as longas e diversas etapas (três anos) foi sempre aquele objetivo maior que, acredito, todo professor consciente e apaixonado pelo que faz (como eu o sou e tantos milhares de outros por esse imenso país) está irremediavelmente vinculado: *garantir um ensino de qualidade a toda a população brasileira.*

Esse estudo importa porque dá voz (*e, especialmente, ouvidos)* às pessoas que de fato trabalham naquilo que denomino "frente de batalha", ou seja, a sala de aula. Quem melhor para informar quais as dificuldades, as possibilidades, as exigências e necessidades do ensino? Quem mais apto a informar quais as experiências pedagógicas que tiveram êxito e quais as que fracassaram? Quem melhor pode informar às autoridades educacionais medidas que se fazem inadiáveis, urgentes? Se não para decidir, certamente para alimentar de forma concreta a reflexão dos especialistas com valiosas informações do microssistema (a unidade escolar). Deveriam ser esses, como afirmei anteriormente, os dados a embasar propostas daqueles que, nos altos escalões do planejamento educacional, por vezes propõem medidas pedagógicas que lhes parecem maravilhosas, mas que aos que as operacionalizam podem suscitar questionamentos talvez insuspeitados por quem está ausente das salas, e, portanto, longe da realidade atual das escolas.

Ouvir sistemática e amplamente o professor de sala de aula — em especial *antes de se adotarem medidas de caráter nacional* — pouparia o sistema de muitos dos fracassos a que vimos assistindo nas últimas décadas, sem falar no quanto se evitaria desperdiçar em termos de tempo, esforços e recursos financeiros pela adoção de medidas fadadas ao fracasso, por inexeqüíveis.

CAPÍTULO 4

Como foi feita a pesquisa

Para obter uma amostra representativa do pensamento do professor brasileiro, foram utilizados os seguintes dados da Sinopse Estatística da Educação Básica, Censo Escolar, publicada em 2001:[25]

Rede de ensino	Professores do Ensino Fundamental	Professores do Ensino Médio
Privada	219.941	112.825
Municipal	638.516	16.827
Estadual	626.744	259.671
Federal	2.091	11.834
TOTAIS	1.487.292	401.157

Total geral: 1.888.449

---

[25]Os originais do presente livro foram entregues para publicação em dezembro de 2005, quando o MEC ainda não publicara o resultado do Censo 2005.

A partir do universo de docentes do Ensino Básico (acima), os estatísticos consultados indicaram como amostra significativa mil docentes (787 do Ensino Fundamental e 213 do Ensino Médio). Além disso, sugeriram atender, na medida do possível, à distribuição dos professores pelas diferentes regiões geográficas brasileiras e os segmentos em que lecionavam.

A construção do questionário de pesquisa, sua validação e forma de aplicação seguiram os critérios da pesquisa científica para a área das Ciências Humanas. Todos os dados referentes a essa etapa do trabalho, bem como análise e comentários a respeito, estão disponibilizados ao leitor que se interesse, sob a forma de Anexos, ao final do livro.

Amostra recomendada: 1.000 funções docentes

Concretizada: 1.172 entrevistas

Margem de erro: 3% (para mais ou para menos)

CAPÍTULO 5

Perfil dos docentes entrevistados

Os especialistas em Estatística Aplicada à Educação indicaram uma amostra necessária de 1.000 funções docentes. O estudo foi concluído com 1.172 entrevistas válidas, um acréscimo de 15%, portanto, o que aumenta a significância da amostra.

O detalhamento completo do perfil dos entrevistados, com cálculos estatísticos respectivos e o resultado do cruzamento de dados, está disponível ao leitor interessado nos Anexos, ao final do livro.

Apresento a seguir apenas os dados imprescindíveis à visualização da extensão do trabalho.

- A pesquisa abrangeu 42 cidades, em 22 estados da federação.
- Foi colhida de forma espontânea e não identificada.
- 93% dos entrevistados eram mulheres e 7%, homens;
- Abrangência: docentes regentes de turmas do Ensino Básico; isto é,

    Ensino Fundamental (1ª a 8ª séries) e

    Ensino Médio (1ª a 3ª séries)

- Docentes de Educação Infantil não foram incluídos na amostra.
- Faixa etária docente: 17 a 24 anos — 6%
  25 a 30 — 25%
  31 a 40 — 44% (a maior parte)
  41 a 50 — 20%
  Mais de 50 — 5%
- 62% dos docentes tinham experiência profissional superior a dez anos; 14% tinham experiência igual ou inferior a cinco anos.
- Grau de instrução: 17% — apenas nível médio
  50% — superior completo
  31% — especialização ou aperfeiçoamento
  2% — mestrado
- 67% eram professores da rede pública de ensino; 17%, da rede particular e 16% trabalhavam em ambas.
- O estudo contou com professores de todas as disciplinas que constituem componentes básicos do currículo do Ensino Básico (Fundamental + Médio).
- 83% eram professores de 1ª à 4ª série; 16% trabalhavam de 5ª série à 8ª e 12% no Ensino Médio, de acordo, portanto, com a distribuição do universo estudado.[26]
- 47% tinham formação de nível Médio (específica para magistério).
- 63% possuíam nível superior.
- 4% não tinham qualquer formação pedagógica.
- 4% afirmaram ter "outros tipos de formação" (78% dos quais eram cursos de especialização).

---

[26]MEC, Censo Escolar, Distrito Federal, 1999, publicado em 2001.

CAPÍTULO 6

Resultados e análise do estudo

Tema 1 — A progressão automática

Duas medidas foram colocadas em prática, na rede pública, visando à superação do alto nível de reprovação/evasão nas séries iniciais do Ensino Fundamental: a Promoção Automática primeiramente, e depois o Ensino por Ciclos de Estudos (com Progressão Continuada).

Pelas discussões apaixonadas que ambas provocaram, foi a primeira questão a que os professores responderam no estudo.

Quadro 1
Opinião sobre Progressão Continuada

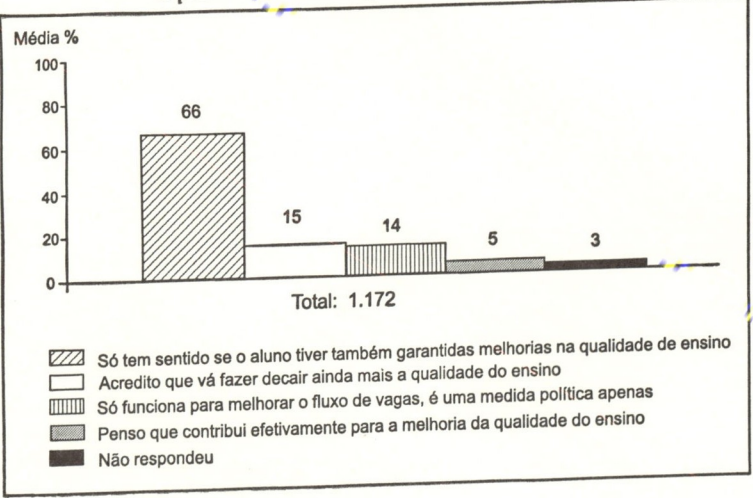

- Entre as quatro opções apresentadas, 66% escolheram a que só vê validade na Progressão Continuada caso a implantação seja simultânea a outras medidas que assegurem a consecução dos objetivos pretendidos.
- Somando-se os percentuais das opções intermediárias ("medida meramente política" e a que a vincula a medida à "queda na qualidade no ensino"), obtém-se um total de 95% de professores contrários à Progressão Continuada.

Ao menos no que se refere à forma pela qual a medida foi implantada no Brasil, a rejeição é não somente alta, mas quase total.

Pausa para reflexão:

A teoria que embasa a medida afirma, entre outros pressupostos, que a criança que é reprovada, especialmente no início do processo educacional, acaba, em grande parte dos casos, desestimulada, frustrada ou com baixa auto-estima. É verdade, mas nem sempre.

Há uma tendência bastante comum de se confundir a parte com o todo. Quer dizer, o particular (em alguns casos, o aluno reprovado) é assumido como geral (em todos os casos, alunos reprovados) e se torna regra.

É um raciocínio mais freqüente do que se pode imaginar e ocorre porque a experiência pessoal é tão significativa para o indivíduo que alguns acabam acreditando que a sua vivência, quase sempre particular e setorizada, é generalizável. Esse engano ocorre com mais freqüência com quem não está habituado às sutilezas e características da pesquisa científica. A experiência pessoal é fundamental, mas quase sempre limitada à realidade próxima, aquela em que a pessoa atua e aos atributos da classe social na qual ocorre, assim como aos padrões culturais e às circunstâncias em que o fato ocorreu, o que torna inviável a generalização para todo um universo.

Toda criança pode apresentar dificuldade nos estudos em algum momento do processo ou mesmo desde o início dele; é normal e perfeitamente compreensível. O que o aluno precisa, e deve receber por parte da família e da escola, é de todo o apoio para que possa superar tais dificuldades o mais rapidamente possível. No entanto, a falha ainda assim persiste, em alguns casos.

O aluno com dificuldade de aprendizagem não precisa de promoção artificial à série ou etapa seguinte; o que ele de fato necessita é contar com um sistema que o ajude a superar as dificuldades. E, para isso, o mais importante é acompanhar seriamente o trabalho que as escolas — públicas ou privadas — fazem para oportunizar condições concretas de aprendizagem e de superação de dificuldades. É a isso que venho cha-

mando de criar as "condições de infra-estrutura". Ou seja, o professor que está operacionalizando o Sistema de Ciclos/Progressão Automática foi treinado adequadamente (antes de começar) para fazer de forma competente o seu trabalho? As escolas tiveram sua realidade compatibilizada com o projeto implantado, de forma a criar condições físicas para a aprendizagem? Quer dizer, os alunos estão tendo mais horas de aula? Os professores estão com turmas menores? Os alunos têm acesso a recursos variados de ensino, que lhes permitam superar dificuldades? Ou apenas se implantou nominalmente o sistema? Nesse caso, as chances de sucesso são muito reduzidas. A questão da aprovação/reprovação é: se proporcionarmos a todos os alunos ensino de qualidade (incluídos nesse conceito professores bem preparados e remunerados de forma condigna), turmas menores, mais tempo na escola, mecanismos de recuperação paralela permanente e eficiente para todos os que tiverem dificuldades (medidas infra-estruturais), reduziremos drasticamente a repetência (e com isso a evasão).

Não é por motivos fúteis que tantos docentes são desfavoráveis ao Sistema de Ciclos, tão elogiado por parte dos especialistas. Para realmente melhorar a qualidade do ensino, deveria ter sido implantado em conjunto com outras medidas, que permitissem sua execução de fato e a contento. A adesão, nesse caso, seria inversamente proporcional à imensa rejeição revelada pela pesquisa.

Tema 2 — As três maiores dificuldades em sala de aula

É quase impossível vencer uma crise e tomar decisões educacionais que a solucionem sem ouvir quem está no centro dela. Em função disso, os entrevistados foram solicitados a assinalar, dentre sete prováveis problemas, apenas uma opção — a mais importante. Uma oitava opção lhes dava oportunidade de apresentar outra dificuldade, caso não constasse da lista a que julgasse a mais grave. No quadro a seguir, o resultado geral em percentuais e ordem decrescente:

Quadro 2

Maior dificuldade do professor	Dados %
Manter a disciplina em sala	22
Motivar os alunos	21
Fazer a avaliação dos alunos	19
Manter-se constantemente atualizado	16
A escolha da metodologia adequada a cada unidade ou aula	10
Usar recursos audiovisuais	3
Falta de participação e interesse dos pais	1
Trabalhar com classes cheias	1
Desrespeito/falta de limite dos alunos	1
Dominar o conteúdo de sua disciplina	1
Outras	4
Não respondeu	2
Base 1.172	

Os maiores problemas

Como indica o quadro 2, *a disciplina em sala de aula* é hoje o maior problema, seguido de muito perto pela *falta de motivação*. Não se pode dissociar um do outro — aliás, é quase impossível afirmar quem é causa e quem é conseqüência. Em geral, o aluno se torna indisciplinado quando pára de aprender. Ou está desmotivado e por isso se torna indisciplinado. Portanto, podemos considerar que, se ambos forem solucionados, quase metade dos problemas do professor estariam resolvidos.

Tanto a criança indisciplinada como a desmotivada se alienam do que lhe estão propondo em aula. No entanto, ali permanecem quatro horas diárias. Se não está nem aí para as atividades que o professor propõe, vai fazer alguma outra coisa — e tentar conseguir companhia. E boa parte dos colegas de turma aderem a esses "convites"... Afinal, são crianças. Em pouco tempo o grupo terá aumentado de tal forma que tornará impossível o incremento dos saberes, o desenvolvimento de competências e habilidades intelectuais, sociais e afetivas de que todos necessitam.

Muitos leitores devem estar se perguntando: "mas não caberia ao professor a tarefa de motivar e de disciplinar?". Sim, provocar o interesse (incentivar) e manejar bem a classe são, ambas, competências do professor. Mas sempre foram.

No entanto, a incidência elevada de professores que indicam essas tarefas como os maiores desafios não pode ser ignorada. Afinal, foram 43% do total em todos os níveis de ensino, localidades e regiões. Esse alto índice desvela com clareza que, se até um passado recente tais atividades constituíam tarefas de que o docente "dava conta", hoje se tornou um entrave. *Fugiu ao controle.*

Alunos desmotivados e/ou indisciplinados acabam resultando num só problema, que *deve ter outras causas.* Não podemos atribuir *apenas ao professor* a tarefa de superá-lo. Mais ainda quando eles próprios admitem que não estão dando conta da situação. E isso não pode ser ignorado. É um recado e um pedido de ajuda. Sem dúvida, com alunos desmotivados e indisciplinados, a qualidade do ensino não vai melhorar.

O terceiro problema maior — "avaliar os alunos" — teve 19% de incidência; *o quarto "manter-se constantemente atualizado",* seguido de *"escolha da metodologia adequada a cada aula",* apresentaram 16 e 10% de incidência, respectivamente.

Causas apontadas para os problemas

É importante salientar que as causas das dificuldades foram apontadas, ao contrário das demais questões da entrevista, *através de pergunta de resposta curta* (pergunta "C" do questionário), isto é, não foram apresentadas opções para escolha. Era o próprio entrevistado quem redigia sua resposta, apontando até três causas em ordem de importância.

Também por essa razão se encontrarão eventualmente, num mesmo item (quadros 3 a 8), duas ou três afirmativas separadas por barras (/) que constituem, na realidade, uma apenas, mas que foram redigidas de forma diversa pelos professores. Por exemplo: no quadro 5 (que relaciona as razões da dificuldade que os professores sentem para avaliar), a primeira linha apresenta "a avaliação é qualitativa e não quantitativa/a avaliação deveria valorizar mais a inteligência total do aluno/a avaliação tem muito número/a avaliação não é ampla". Quatro maneiras de expressar a mesma idéia, e que por isso estatisticamente, são consideradas uma apenas.

Procurei manter a redação original dos professores, de forma a ser o mais fiel possível ao que eles procuraram revelar. Daí que, por vezes, o leitor poderá achar estranho ou até mesmo inadequado, do ponto de vista da língua culta, algum item.

Analisando as causas da indisciplina (quadro 3), percebe-se que várias delas, embora com roupagem diversa, apontam na mesma direção.

Dificuldade 1 × Causas

Manter a disciplina em sala	Total %
Os alunos não têm limite/são rebeldes/agressivos/faltam com respeito	44
Falta de educação familiar/liberdade familiar/falta de educação	19
Falta de compromisso/interesse/apoio/da família	11
Excesso de alunos em salas de aula/salas superlotadas	9
Falta de interesse/motivação/dos alunos/alunos dispersos	6
Os alunos fazem o que querem em casa	4
O papel da família foi totalmente substituído pela escola	4
Desestruturação familiar	4
A motivação fora de sala de aula é maior (comunicação, jogos, Internet, esportes, mídia)	3
Turmas heterogêneas diferenciadas	3
A educação mudou/hoje em dia o professor não pode nada/falta de autoridade do professor/"traumatiza" o aluno	3
Falta a presença da família na escola	3
Hoje em dia há uma inversão de valores	3
Falta de atitudes mais enérgicas por parte da escola/escola muito aberta	2
Insegurança do professor	2
A desvalorização do professor/da figura do professor	2
Imaturidade dos alunos	2
Outros	16
Não respondeu	15
Base 257	

Vamos nos ater inicialmente à análise das três mais citadas:

Os alunos não têm limite, são rebeldes, agressivos, faltam com o respeito ao professor	44%
Falta de educação e excesso de liberdade familiar	19%
Falta de compromisso, interesse e apoio da família	11%

Não seria inadequado afirmar que as três se resumem em uma apenas: a questão da falta de limites na família, problema que estudo e pesquiso já há duas décadas, alertando sobre suas conseqüências negativas (abordei pioneiramente o tema em vários livros publicados anteriormente[27]), revela hoje um de seus piores efeitos — a incivilidade e a falta de responsabilidade pessoal e social.

"Os alunos não têm limites/são rebeldes, agressivos e faltam com o respeito à autoridade"/"falta de educação familiar, liberdade familiar, falta de educação"/"falta de compromisso e apoio da família": é fácil perceber que todas essas formas apontam apenas uma causa na verdade, que somadas perfazem 74%. O número fala por si e tamanha consistência não pode ser colocada em dúvida:

---

[27] ZAGURY, T. *Sem padecer no paraíso* (1991), *Educar sem culpa* (1993), *Limites sem trauma* (2000), Record, entre outros.

> A família abriu mão de seu papel essencial de geradora da ética e de primeira agência socializadora das novas gerações.

De uma hierarquia engessada e rígida demais (até a década de 1970), na qual as crianças não tinham espaço mínimo para contestação, a família moderna tentou criar um novo modelo de relações entre pais e filhos, em que o não-autoritarismo seria a base.[28] Pena que se tenha exagerado na dose. Assim, recaímos num extremo de liberdade e prazer pessoal que esquece a empatia, a generosidade e os direitos do outro. Hoje, adultos, crianças e jovens parecem não compreender que, além dos direitos conquistados (liberdade entre eles), há uma contrapartida necessária, fundamental: cada direito conquistado acopla inexoravelmente um dever, que lhe é inerente.[29]

A conseqüência está aí, nas salas de aula, na sociedade — em tudo. Ninguém pode viver fazendo só o que quer e o que gosta. Há *o outro*. Ele existe — e também tem direitos a serem considerados. Esquecer é voltar à barbárie e ao primitivismo.

Os demais itens do quadro 3, quase todos, apontam na mesma direção — "os alunos fazem o que querem

---

[28]Idem.
[29]ZAGURY, T. *Os direitos dos pais*, Record, 2004.

em casa (4%); o papel da família foi totalmente substituído pela escola (4%); desestruturação familiar (4%); falta de presença da família na escola (3%) — incrementando com mais 19% a questão. O que resulta num total de 89%.

Não resta dúvida de que, para os docentes (seja qual for o nível de ensino, rede, nível de formação ou região), a questão mais difícil é a da liderança e da disciplina em sala de aula.

Dispensável dizer o quanto esse fato influencia a qualidade dos resultados do nosso sistema educacional.

É preciso rever — com urgência — a questão da autoridade e dos limites (aí compreendidos como a relação equilibrada entre direitos e deveres dos alunos) dentro do contexto família-escola, sem o que dificilmente poderemos alcançar o objetivo "qualidade na educação". A instituição escola precisa reencontrar-se com seu papel de autoridade, sem que isso represente autoritarismo. O professor necessita ter o apoio e a sustentação da sociedade para concretizar uma ação socializadora.

Desmotivação, o segundo problema mais sério

Segundo os professores, são as seguintes as causas da desmotivação do aluno:

Quadro 4
Dificuldade 2 × Causas

Motivar os alunos	Total %
Falta de interesse/motivação/dos alunos/alunos dispersos	22
A motivação fora de sala de aula é maior (comunicação, jogos, internet, esportes, mídia)	20
Falta de compromisso/interesse/apoio/da família	9
Os alunos desconhecem/não valorizam a importância da escola/do estudo	9
Como o aluno tem acesso a todos as modernidades, esgota os recursos do professor	6
Os alunos não têm limite/rebeldes/agressivos/faltam com respeito	5
Falta de estudo dos alunos	5
Desmotivação dos professores/os professores estão desestimulados	3
Imaturidade dos alunos	3
Falta de perspectiva/expectativa de vida	3
Falta de recursos audiovisuais: fitas, *slides*, CD, vídeo	3
A escola não se atualizou/metodologias ultrapassadas/professores tradicionais/regras	2
Hoje em dia há uma inversão de valores	2
Aulas monótonas/desinteressantes	2
Há um excesso de conteúdo a ser dado	2
Falta de relação entre conteúdo e cotidiano do aluno	2
Problemas pessoais/emocionais/carências do aluno em sala de aula	2
Tempo/falta de tempo	2
Remuneração inadequada/baixa	2
Outras	22
Não respondeu	21
Base 305	

Por estranho que pareça à primeira vista, a dificuldade em provocar o interesse dos alunos para aprender foi explicada pela própria "falta de interesse dos alunos". Parece um contra-senso, uma afirmativa absurda. Afinal, como explicar a conseqüência pela causa ou vice-versa?

Se não tivesse sido indicada por 22% dos entrevistados, e, considerando a abrangência da amostra, poder-se-ia supor haver erro estatístico ou respostas equivocadas de alguns dos respondentes. Mas não foi esse o caso. O que parece ter ocorrido foi a tentativa de os docentes ressaltarem que há um desinteresse tão freqüente e persistente, que vem invalidando os esforços que fazem para superá-lo.

Outros itens listados pelos docentes ajudam a entender melhor a situação.

A *segunda causa* com 20% do total ("fora da sala de aula há coisas muito mais interessantes que a escola não oferece"), *somada à quinta,* com 9% ("o aluno tem tanto acesso à modernidade que a escola não consegue competir"), remete-nos à sociedade moderna e seus apelos mercadológicos, e talvez explique de forma mais compreensível o fenômeno da desmotivação. Crianças e jovens são hoje seriamente manipulados pela mídia, comprometida com os anunciantes, sem os quais não sobrevive. O que nos obriga a pensar no consumismo que conduz crianças e jovens, quando não adultos também, a um enfoque prioritariamente hedonista e individualista.

Além disso, 9% dos docentes apontaram o "descompromisso da família em relação aos estudos dos filhos" como a terceira causa mais importante. Não seria essa apenas mais uma face da mesma situação? A sociedade, que prioriza os bens materiais, o prazer e o ter, influencia também grande parte dos adultos. Se os pais pensam assim, não estariam também eles questionando ou diminuindo a validade dos estudos? Afinal, quantos hoje, nos mais diferentes níveis de formação, estão desempregados ou subempregados?

Se minha interpretação é correta, podemos somar os três itens acima citados; se o fizermos, obteremos um total de 38% de respostas reunidas numa mesma causa — embora revestida ou exteriorizada de formas diversas. Se considerarmos que os três podem facilmente explicar o primeiro (alunos sem interesse, dispersos, desmotivados como conseqüência da desvalorização do saber como um bem pelo qual vale a pena lutar), chegaremos a 58%.

É inquestionável a conjunção de mensagens oriundas de praticamente todos os veículos de comunicação. A grande maioria conduz à idéia de que o que importa é...

- "ser feliz agora" (estudar não é seguramente o que os alunos consideram felicidade);
- "fazer apenas o que se quer e se deseja" (sem jamais referir ao que se deve);
- "ser livre" (sem referir responsabilidade decorrente da liberdade);
- "ser jovem" (para sempre, se possível, e como se juventude fosse garantia de superioridade em relação aos mais velhos e como se a chegada da idade não fosse acontecer para todos inevitavelmente — o mito da juventude eterna).

A sociedade de consumo, portanto, conspira fortemente para que os jovens desconsiderem o saber como um valor importante. Afinal, os grandes "heróis" que inspiram nossas crianças e jovens são modelos, cantores, jogadores de futebol, enfim, figuras entronizadas pelo sistema, não pelo saber, mas pela fama, sucesso financeiro e poder que alcançaram em pouco tempo (são pilares da sociedade moderna).

Não estou invalidando nem discutindo o valor de nenhum desses ofícios. Não é esse o ponto que importa nesse estudo.

O que importa é lembrar o que a mídia ressalta — os ganhos estratosféricos. Nunca as dificuldades, as lesões, o sofrimento por horas de treinamento. Ressaltam os namoros, o apartamento tríplex, as coberturas cinematográficas, o iate, as viagens. A "vida de sonho". A impressão que querem passar é que *todos* podem ter essa vida de *glamour*.

Quantos milhões de indivíduos não são seduzidos por essa forma de ver o mundo? Quantos não acabam assumindo posturas franca e extremamente hedonistas, levando a que desejem fazer na vida tão-somente o que lhes agrada e dá prazer? Nossos alunos desinteressados e desmotivados não estarão entre eles?

Acrescentem-se ao quadro a insegurança que é quase unanimidade entre os pais; a ausência física e às vezes também a afetiva — pela excessiva e crescente carga de trabalho, inclusive da mulher; a desestruturação que reina hoje em muitas famílias; a falta de tempo e de limites que paulatinamente vêm tomando conta da vida familiar e tem-se um quadro bastante próximo ao que vivenciam hoje muitos dos nossos jovens.

Tal situação só poderia desaguar em descompromisso em relação a determinados valores, nos quais a família sempre teve papel primordial e de que hoje boa parte se encontra apartada. Compreende-se, portanto, que,

- se os pais estão ausentes a maior parte do tempo;
- se, quando estão com os filhos, não têm uma visão clara e objetiva de qual é o seu papel prioritário;
- muitos pais, sentindo-se sem forças para lutar contra o que parece ser regra geral (*ser bom aluno, tirar boas notas e estudar para quê, já que a sociedade só valoriza a aparência, a juventude e a beleza? Se o desemprego é alto mesmo entre os que têm muitos anos de estudo?*), acabem inibidos ou imobilizados em sua ação socializadora e formadora e adotem atitudes de superproteção ou de isolamento e alienação em relação às atitudes dos filhos;
- a insegurança e debilidade da família, alienando-se do papel do "pai" (autoridade primeira), facilite a eclosão da agressividade, especialmente dirigida àqueles que, em última instância, representam, fora do âmbito familiar, o líder mais próximo, a pessoa (por vezes a única) que está dizendo aos jovens para fazer o que não querem nem gostam (estudar, ser avaliado, fazer tarefas "chatas"), que, enfim, é o professor;
- se a família não atua ou não sabe como atuar para colocar a escola como prioridade (voltamos ao problema dos limites e da autoridade), ou ainda se se deixou seduzir pelos valores da sociedade de consumo, os alunos fatalmente considerarão que o compromisso com a aprendizagem não é essencial.

Assim, as cinco primeiras causas da desmotivação apontadas pelos docentes no quadro 4 podem ser conjugadas em uma apenas — como interfaces do mesmo problema. O professor diante desses poderosos elementos enfrenta uma situação que precisa vencer, mas para a qual está em desigualdade de condições. Talvez refletindo sobre esse conjunto de variáveis, possamos compreender por que o desinteresse das novas gerações em relação aos estudos vem aumentando tanto e hoje constitui o segundo maior desafio enfrentado pelos professores (71%).

No século XXI, os recursos que até as escolas mais equipadas oferecem, por melhores que sejam, acabam sendo sempre menos atraentes (ou similares) aos que os alunos têm, no dia-a-dia, em casa. Em se tratando da rede pública então, a situação torna-se mais desfavorável ainda. Em grande parte delas falta tudo, de bebedouros a giz. Somente recursos e métodos, no entanto, serão sempre insuficientes para motivar (e disciplinar) os alunos, caso a sociedade e especialmente a família não voltarem a valorizar a educação, o ensino e a figura do professor.

Avaliação, terceiro maior problema

Avaliar os alunos foi o terceiro maior problema apontado pelos docentes. Caso seja necessário refrescar a memória, sugiro uma releitura do quadro 2 (à página 83).

Quadro 5
Dificuldade 3 × Causas

Avaliação dos alunos	Total %
Avaliação é quantitativa e não qualitativa/deveria valorizar mais a inteligência total do aluno/é muito "número"/não é ampla	23
Avaliar com justiça é sempre muito difícil/tem o medo de ser injusto	11
O processo de avaliação é muito complexo/amplo/de grande responsabilidade	10
Excesso de alunos em salas de aula/salas superlotadas	8
Turmas heterogêneas/diferenciadas	7
Falta uma maneira melhor de se avaliar	5
Os modelos de avaliação do sistema de ensino	4
A dificuldade de avaliar a criança como um todo	3
Diversidade de formas de avaliação/os critérios precisam ser definidos	2
A avaliação não é contínua	2
Não se avalia individualmente, mas sempre um aluno em relação ao outro	2
Os alunos chegam a séries avançadas sem base/com muita dificuldade/pouco conhecimento	2
Problemas pessoais/emocionais/carências do aluno	2
Outras causas apontadas que não se relacionam	21
Não respondeu	18
Base 191	

A maior parte das respostas concentrou-se fortemente em três variáveis apenas (ver quadro acima), que somadas totalizaram 43% das respostas. E demonstram claramente que o professor tem consciência da responsabilidade e da dificuldade de avaliar segundo as modernas teorias educacionais. Teme ser injusto ao avaliar qualitativamente, e, ao mesmo tempo, sente-se desconfortável ao avaliar apenas quantitativamente.

A quarta causa, com 8%, é complementar às outras três e refere-se ao grande número de alunos em sala de aula, o que, sem dúvida alguma, é um fator que impede a execução da avaliação recomendada atualmente.

Com muitos alunos e turmas grandes, o professor tem poucas possibilidades de escolha. Basicamente duas:

a) fazer o que recomenda a moderna teoria de avaliação *"do jeito que dá"* — o que, como o estudo revela, acaba trazendo um sentimento de culpa e de ineficiência; ou
b) optar pelo que consegue fazer e o torna menos injusto com o aluno.

Pausa para entender o conflito:
Para avaliar qualitativamente é necessário que o professor tenha contato direto e constante com cada um de seus alunos. Só assim se consegue, efetiva e realisticamente, verificar os avanços graduais e sucessivos de cada estudante. Também só assim se podem verificar outros aspectos que fazem parte da avaliação qualitativa (tais como dedicação, empenho pessoal na realização de tarefas, o desenvolvimento/aquisição de com-

petências e habilidades, como, por exemplo, usar corretamente mapas, dicionários, interpretar gráficos, que demandam observação quase individualizada).

Com 35 a 40 alunos por turma, considerando um professor de séries iniciais, que trabalhe em duas escolas (é a realidade de grande parte), implicaria em detalhar progressos no mínimo semanais, em todas as áreas do desenvolvimento, o que demanda ao menos alguns minutos de observação a cada dia, para cada um de seus alunos, que podem chegar a 80, no caso do exemplo.

Caso lecione no segundo segmento do Ensino Fundamental ou no Ensino Médio em apenas uma escola e ministrando somente uma disciplina (o que é bastante raro na realidade brasileira), teria ao menos cinco turmas com 30 alunos cada (o que também é raro!), totalizando, na melhor das hipóteses, 150 alunos para avaliar. No entanto, na realidade de hoje, quase todos os professores trabalham em duas ou três escolas. O que significa dobrar ou triplicar o número de alunos. Matematicamente impossível nas condições atuais. Isso caso se deseje fazer avaliação qualitativa de qualidade.

É quase um milagre o que se espera do professor... Não é por acaso que muitos acabam retornando ao esquema tradicional de avaliação.

Avaliar diferentes tipos de saberes e competências, usando vários instrumentos de avaliação (além das provas, testes, trabalhos, por exemplo), é muito mais adequado e justo do que fazê-lo apenas através de provas. Quanto a isso, não resta dúvida. Na prática, como isso se revela impossível de ser feito bem-feito, acaba gerando insatisfação tanto por parte dos professores quanto dos alunos. Entre avaliar como os manuais de didática ensinam e o que a realidade lhes permite, acaba sendo menos comprometedor utilizar o modelo anterior (duas ou três provas por bimestre, por exemplo). Afinal, se não medem tudo o que o aluno sabe, medem ao menos o que foi incluído naquele teste ou prova. Com a segurança de que estão dando a todos os alunos igualdade de condições.

Tecnicamente, o que se condena nas "provas", e que pode de fato ocorrer, é que um determinado aluno ("azarado") só não tenha aprendido justo o que caiu naquela prova e, embora saiba muitas outras coisas, não pôde demonstrá-lo, porque "não caíram". Com isso, a nota que ele recebe (ruim, no caso) não reflete o saber que ele tem. Somente o que não tem. Esse exemplo só é válido no caso de se aplicar uma prova apenas em todo o bimestre.

Pode também ocorrer que um outro ("sortudo") soubesse exatamente e tão-somente aquilo que "caiu na prova". Nesse caso, sua nota (boa) também não refletiria o que ele sabe verdadeiramente, dado que sabe apenas aqueles itens que foram avaliados.

É importante, no entanto, ressaltar dois aspectos que parecem ter sido esquecidos. Quando um professor está bem preparado do ponto de vista didático, ao elaborar uma prova ou um teste, ele jamais inclui apenas um ou dois dos objetivos/itens trabalhados em sala. Pelo contrário. Se o instrumento de avaliação for bem construído e tiver, digamos, 20 questões, elas deverão abranger todos os conteúdos trabalhados. Assim, se desenvolveu quatro unidades, cada uma seria contemplada com cinco questões, as quais inclusive variariam em termos de complexidade e profundidade. Ou seja, duas ou três iriam verificar a aprendizagem de conceitos essenciais em relação àquele dado objetivo (ou conteúdo), enquanto as demais visariam a analisar o grau de profundidade ou a capacidade de transferir aquele saber para outras áreas do conhecimento, por exemplo. Com isso, dá-se a todos os alunos chances iguais de demonstrar o que aprendeu e até que ponto aprendeu. É justo e avalia a todos igualmente. Em síntese, uma prova bem elaborada pode, sim, avaliar muito bem e em níveis diversos de complexidade (nada de saber bancário apenas) o saber dos alunos.

Se nem todos os docentes sabem elaborar bem provas e testes, o que não é absolutamente improvável (não esquecer que no nosso estudo 4% dos entrevistados afirmaram não ter qualquer formação pedagógica), não significa que o instrumento seja mau em si. Significa apenas que precisamos capacitar melhor os docentes.

Se, por outro lado, a avaliação qualitativa é mais abrangente, estendendo-se a outros tipos de saberes, é inegável também que demanda despender muito mais tempo em sua realização, além de formação pedagógica ainda melhor. Isso porque cada aluno deve ser analisado em seus progressos pessoais e mediante a observação direta do professor.

E aí? Se de fato nossos professores avaliam, mal utilizando provas, como esperar que, com trezentos alunos, possa fazê-lo melhor, nas mesmas condições em que atua atualmente?

Para quem não quer cometer injustiças ou "fazer de conta que avalia de forma moderna — só para constar" —, pode ser um fardo terrível. Especialmente para aqueles que têm consciência de como é improvável fazê-lo adequadamente.

Medidas assim implantadas podem dar certo? Ignorando ou fingindo ignorar a realidade do "executor"? *Sem mudar a realidade antes, e sem preparar suficientemente todos os professores, decerto que não.*

Muitos desconhecem a realidade dos docentes que estão nas salas de aula. Outros imaginam conhecê-la, sem jamais ter ficado frente a frente com a realidade. Ainda assim, criticam-nos, alguns até com dureza. Por exemplo, "por não fazerem avaliação como deveriam" e "por manterem formas de avaliar ultrapassadas", atribuindo à "resistência à mudança" ou a "pretextos diversos" (falta de tempo, turmas grandes). Talvez mudassem de idéia caso vivenciassem *in loco* a situação.

Quem executa as novas e complexas formas de avaliação (sem as condições de infra-estrutura necessárias e sem treinamento adequado), e não teve real oportunidade de expressar as dificuldades de sua execução na prática, pode sentir que não tem outra possibilidade a não ser fazer o que é possível na realidade em que trabalha (o que pode significar "fazer mal feito").

Manter-se atualizado, quarto grande problema docente

Os cinco problemas considerados mais graves para o professor brasileiro referem-se a sua própria atuação. Manter a disciplina, motivar e avaliar os alunos são tarefas inerentes à ação docente. E, em grande parte, é em função deles que se obtém um bom ou mau desempenho dos alunos.

Seria plausível e humano, dada a situação em que se encontra especialmente a rede pública, encontrar professores atribuindo aos alunos, a "culpa" dos insucessos. No entanto, o estudo revelou o contrário: os professores demonstraram ter consciência — preocupam-se com a situação — e incluíram a questão da atualização permanente e a escolha de metodologias adequadas entre seus maiores problemas. Como as duas se relacionam, achei interessante trabalhar os dados em conjunto, incluindo também a "deficiência na formação" (quadros 6, 7 e 8, que se seguem):

Dificuldade 4 × Causas

Manter-se constantemente atualizado em sua disciplina	Total %
Tempo/falta de tempo	52
Falta de recursos financeiros	49
Não respondeu	20
Falta de oportunidade de atualização/falta incentivo/instituições não oferecem ao professor	7
Quantidade diária de mudanças e informações do mundo atual/ dinamismo da globalização	5
Alguns professores pensam que basta dominar o assunto/ que não precisam se atualizar	4
Não há livros, nem um acervo para consulta, estudo, atualização, atualizado	3
Há poucos cursos de capacitação/especialização na área do professor	2
A desvalorização dos professores/da figura do professor	2
Desmotivação dos professores/os professores estão desestimulados	2
O professor tem medo de mudanças	1
Falta de credibilidade do professor com relação às mudanças do mundo	1
Poucas oportunidades de trocas de experiências com professores colegas	1
Dificuldade para participar de cursos de aperfeiçoamento (não explicou o porquê)	1
Base 164	

Dificuldade 5 × Causas

Escolha da metodologia adequada a cada unidade ou aula	Total %
Despreparo dos professores	23
Falta de tempo	9
Turmas heterogêneas	6
Falta de recursos audivisuais: fitas, *slides*, CD, vídeo	5
Alguns professores pensam que basta dominar o assunto/ que não precisam se atualizar/acomodação dos professores	4
Falta de interesse/motivação/dos alunos/alunos dispersos	3
Falta de material escolar: papel ofício, xerox, livros	3
Falta de um planejamento diferenciado por série	3
Falta de relação entre conteúdo e cotidiano do aluno	3
Dificuldade de encontrar métodos que despertem interesse do aluno/motivar	6
Excesso de conteúdo a ser dado	2
A complexidade do assunto abordado	2
Falta de espaço físico/condições da escola	2
Outras (não relacionadas ao problema, mas citadas)	30
Não respondeu	28
Base 123	

Quadro 8
Dificuldade 6 × Causas

Deficiência na formação e/ou treinamento continuado	Total %
Dificuldade financeira para custear cursos e livros de atualização	50
Falta de tempo/excesso de trabalho	48
Acomodação/desmotivação dos professores	10
Grande quantidade de mudanças do mundo atual	5
Há poucos cursos de capacitação e/ou especialização na área do professor	2
Não há acervo para consulta e estudo e, se há, é desatualizado	1
Falta de credibilidade do professor com relação às mudanças do mundo	1
O professor tem medo de mudanças	1
Poucas oportunidades de trocas de experiências com professores/colegas	1
Não respondeu	21
Base 179	

O professor reconhece que está desatualizado pedagogicamente, defasado em termos de conteúdo, e que as mudanças cada vez mais velozes e diversificadas do mundo tornam a atualização permanente uma necessidade fundamental e inequívoca.

Por que então não o fazem? Os dois primeiros itens do quadro 8 (falta de tempo, 48%; remuneração inadequada,

50%) não deixam margem a dúvida. Sem dinheiro, o professor tem que trabalhar em várias escolas; trabalhando em várias escolas, nem que quisesse — e pudesse — teria condições para isso. Apenas os dois primeiros itens, portanto, perfazem 98%! Claro demais para alguma outra explicação.

O quadro 6, da mesma forma, liquida a questão em apenas dois itens: *falta de tempo e de recursos financeiros*. Ponto final. Comentar as demais causas apontadas nesse contexto torna-se desnecessário. A verdade surge clara e objetiva: do jeito que está não dá!

A questão da atualização permanente, sem dúvida uma das necessidades do mundo moderno em praticamente todas as áreas profissionais, ganha relevância especial quando se refere ao magistério. Justificar tal afirmativa é absolutamente desnecessário.

Os dados foram categóricos: *a falta de tempo e de recursos financeiros são fatores que impossibilitam os docentes de investirem em sua qualificação.* Talvez alguns leitores achem graça — afinal é tão conhecida essa realidade de que uma conclusão assim pode parecer óbvia demais... Com a diferença de que, aqui, são os próprios professores que estão afirmando. É preciso ainda considerar que esse item da pesquisa admitia mais do que uma resposta, o que poderia provocar dispersão ampla e reduzida incidência em cada uma delas. No entanto, os dois primeiros itens do quadro 6 sozinhos ultrapassam os 100% (a questão permitia que os docentes apresentassem mais de uma causa), revelando convergência e consciência.

Se o professor do Ensino Básico não ganha o suficiente para sua subsistência (quando recebe em dia! Para dar um exemplo apenas, em 2004, docentes de diversos municípios do Brasil tiveram seus salários atrasados em até nove meses),[30] continuará dando mais aulas do que poderia para bem se desincumbir da tarefa. Esgotado pela carga horária excessiva e pelas próprias condições de trabalho, cheio de problemas, portanto, não tem condições — nem mesmo físicas — para se aperfeiçoar.

Mas quem é que não sabe disso, não é mesmo?

E, se todos sabem, porque as providências não são tomadas seriamente?

O quadro 7 relaciona as razões da dificuldade de escolha metodológica adequada às aulas e conteúdos. E também aqui encontramos causas anteriormente citadas como: "despreparo do professor" (23%), "falta de tempo" (9%) e "heterogeneidade das turmas", (6%). Sintetizando:

- não sabem usar as metodologias adequadas, por estarem despreparados didaticamente;
- ainda que estivessem bem preparados, não teriam tempo (muitas turmas, vários empregos) para preparar aulas que demandassem mais tempo no seu preparo; e
- tendo turmas muito heterogêneas (alunos em diferentes estágios de desenvolvimento e com diversos tipos de dificuldades), os docentes teriam que estar mais preparados pedagogicamente para promover um trabalho diversificado que alcançasse objetivos diferentes para grupos de crianças com necessidades diversas; é um contexto que, praticamente *exige* trabalho diversificado. Que, por sua vez, para ser operacionalizado, precisa de turmas com poucos alunos...

---

[30] *O Globo*, p. 3, 1º caderno, 28/3/2005.

Um círculo vicioso que só será rompido quando se tornar a Educação Básica prioridade no Brasil (Que tal esquecer por uns cinco anos as discussões sobre o Ensino Superior e dedicar total atenção ao Ensino Básico?).

Mas enquanto isso não ocorre, nas salas de aula brasileiras o professor refém continua lutando, qual um Dom Quixote, com a indisciplina, a desmotivação e o desinteresse de grande parte dos alunos; tentando resistir às pressões da família e da sociedade, que parecem vê-lo como uma espécie de *He-Man* (aquele super-herói de desenho animado, que gritava "Eu tenho a força...", e saía voando e resolvendo todos os problemas); lutando também com o cansaço, com o excesso de trabalho, com muitas turmas e excesso de alunos (existem escolas do Ensino Médio com até setenta alunos por turma na rede pública...

Na rede privada de ensino, a situação é menos dramática, mas, mesmo aí apenas nas que atendem às classes mais favorecidas economicamente. Já que podem praticar mensalidades mais altas contam com mais recursos financeiros, e assim provêm condições de trabalho, infra-estrutura e remuneração melhores. Com isso, os professores têm mais possibilidades de preparar aulas atraentes, acesso a recursos de atualização mais imediato (bibliotecas, Internet, revistas especializadas) —, enfim, condições que propiciam um desempenho mais eficiente.

Mas que ninguém se iluda — mesmo na rede privada, esse grupo é pequeno. A maioria das escolas particulares e suas equipes enfrentam condições bem difíceis.

A cada crise econômica há um percentual bastante expressivo de pais obrigados a rever a questão dos gastos com educação. E muitos acabam matriculando os filhos na escola pública.

Se nos deslocarmos para o subúrbio ou a periferia das grandes cidades ou para a zona rural, o quadro será bem diverso e, em geral, mais precário do que o da rede pública. Os colégios têm poucos alunos, com escassez permanente de recursos materiais e humanos que atendam à população mais carente. Com freqüência são obrigadas a fechar devido a dificuldades financeiras.

Com professores exaustos, estressados e defasados dando aulas cansativas e antiquadas, alunos desmotivados, desinteressados e indisciplinados tendem a se tornar mais desmotivados e desinteressados ainda. E seus professores, mais exaustos e estressados... Que situação! E aí, cada um com suas dificuldades, é como se pensassem:

> As crianças: "Já que é tudo sempre a mesma coisa, então, vamos bagunçar, porque assim, ao menos, a gente se diverte!"

> Os docentes: "Os alunos de hoje não têm mais jeito."

Fecha-se assim um círculo vicioso, que se auto-alimenta, se faz e refaz continuamente, o qual urge romper, para que se possa iniciar o processo de reconstrução do Ensino Básico de qualidade.

> Dificuldade de disciplinar as turmas, alunos desmotivados, professores despreparados. Três fatores que nos indicam exatamente por onde precisamos iniciar as ações educacionais.

Pausa para refletir mais um pouquinho:

Em sã consciência, será que alguém poderia condenar um profissional, de qualquer área, por ficar desmotivado trabalhando numa situação ao menos próxima à que vivencia hoje o professor brasileiro? E ainda assim, como se verá adiante, a motivação é grande, verdadeiro milagre, face às barreiras e dificuldades que enfrentam. Muitos estão adoecendo "da profissão"[31] — há, sim, docentes deprimidos, há os descrentes, há os que se evadem para outras profissões, enfim... Há o que é natural que haja em tal situação. Mas, por incrível que pareça, há ainda muitos motivados e prontos a assumir mais e mais tarefas educacionais (que, aliás, não param de crescer). São esses os que lotam auditórios, participando de cursos, seminários e congressos para discutir problemas, aventar hipóteses, tentar soluções, trocar experiências — bem ou malsucedidas. Esses são os que carregam o Brasil para diante e fazem a diferença!

O professor na verdade é um herói, o grande herói brasileiro anônimo, movido o mais das vezes por uma espécie de convicção interior, que o domina e faz continuar tentando, tentando, tentando... Sem essa (abençoada) compulsão, o que seria dos nossos meninos?

---

[31] Síndrome de Burnout.

Tema 3 — Percepção do professor em relação às suas propostas

Qualquer profissional, para manter-se motivado e com um nível mínimo de adesão ao processo, precisa sentir que sua experiência, idéias e opiniões são ouvidas. Mais que ouvidas, consideradas.

Ser ouvido e respeitado por seus pares tem relação direta com a auto-estima do indivíduo, influenciando diretamente também a produtividade e a permanência do interesse pela melhoria da qualidade do processo. Por isso, saber como o professor percebe e se sente em relação ao ambiente educacional quando exprime suas idéias, projetos, dúvidas e questionamentos em relação ao sistema foi tão importante para o estudo.

Foram avaliadas as percepções dos docentes em relação aos demais professores, aos diretores e à equipe técnico-pedagógica (orientadores educacionais, supervisores, coordenadores). Para evitar excesso de dados, resumi os resultados em um quadro apenas.

Quadro 9
Freqüência com que a opinião pedagógica do professor é considerada

Resultados %	Por outros docentes (média 3,1)	Pela equipe técnica (média 3,0)	Pelo diretor (média 2,9)
Sempre	19	17	14
Muitas vezes	68	64	58
Raramente	9	13	19
Nunca	1	2	4
Não respondeu	3	4	6

Pode-se verificar que o percentual de professores que considera *nunca* ser ouvido pelos *diretores* (4%), somado ao dos que se consideram *raramente* ouvidos (19%), perfaz 23% (mais de um quinto do total).

Somente 14% consideram ser *ouvidos sempre*. É, portanto, maior o número de professores que não são ouvidos.

De qualquer forma, a maioria (68%) afirmou que é ouvido *muitas vezes*, o que é sem dúvida excelente, embora ser ouvido não signifique, obrigatoriamente, nem *considerar*, nem *colocar em prática* o que se ouviu.

Outro resultado importante mostra queda de um ponto percentual na média por categoria: colegas ouvem mais seus pares do que equipe técnica e diretor (menor índice positivo).

A consistência dos dados pôde ser avaliada pelos resultados inversamente proporcionais encontrados ao analisarmos as categorias *raramente ouvidos* e *nunca ouvidos*.

Pode-se depreender, portanto, que, quanto mais alto o nível hierárquico ocupado pelo profissional nas instituições educacionais, menos ele considera a opinião do professor.

O professor percebe que suas opiniões são mais respeitadas e consideradas pelos colegas e menos pelos que detêm o poder decisório (equipe técnica e direção), que os vêem como "executores" e não como "pensadores" do processo educativo, cujas ponderações devam ser consideradas.

Comparando a postura dos administradores, especialistas e docentes com a região geográfica onde a escola está situada e com os diversos segmentos do ensino, foram constatados alguns resultados bastante interessantes:

I) *relacionados aos docentes entre si*
  • Enquanto 22% dos professores das regiões Sudeste e Nordeste (percentual mais elevado) consideram que seus colegas de trabalho *sempre levam em consideração* os pontos de vista pedagógicos que expressam, na Região Sul os percentuais foram os mais baixos: somente 12% afirmaram que suas opiniões pedagógicas são *sempre levadas em consideração* pelos colegas.

- A interação entre colegas que trabalham de 1ª à 4ª série é bem maior que a dos demais segmentos (diferença significativamente positiva de cinco pontos percentuais). Esse dado talvez esteja relacionado ao fato de que, a partir da 5ª série, cada docente trabalha apenas com uma disciplina (às vezes duas), têm horários em dias alternados e, portanto, não comparecem diariamente à escola. Assim, nem sempre se encontram, ao contrário do regente de 1ª à 4ª que vai diariamente à escola. E, mesmo quando se encontram — os professores da 5ª série em diante dão aulas e mudam de turma a cada quarenta ou cinqüenta minutos — raramente permanecem mais que cinco minutos na sala dos professores).
- Não houve diferença significativa entre os resultados no ensino público ou privado, por região geográfica, nem por nível em que trabalhavam — o que torna o resultado mais significativo.

2) *relativos aos diretores de escola*
- A análise por regiões, no entanto, detalha aspectos interessantes em relação aos dois extremos do *continuum* (locais onde os professores são mais e menos ouvidos). Observe o quadro-resumo:

	NUNCA SÃO OUVIDOS	SEMPRE SÃO OUVIDOS
DIRETORES	5% (Norte e Nordeste)	16% (Sudeste)
EQUIPE TÉCNICA	5% (Norte)	20% (Sudeste)
DEMAIS DOCENTES	2% (Sul)	22% (Sudeste e Nordeste)

- Resultados semelhantes foram encontrados em relação aos especialistas (equipe técnica).
- O importante, porém, é que os gestores e especialistas não apenas ouçam, *mas levem em conta* o que pensam os professores na hora de tomarem decisões pedagógicas.

Tema 4 — O professor diante dos
temas transversais

Fenômeno singular encontra-se em marcha no Brasil.

Há, por um lado, consenso em relação ao fato de que a qualidade do ensino decaiu. Não fosse percepção geral dos que militam em Educação, temos os resultados das pesquisas, que atestam isso claramente.

A situação é tão grave, que por vezes se torna cômica: a má qualidade do ensino transformou-se em tema de programas de humor na TV ou de cronistas que utilizam, por exemplo, questões de provas e redações de alunos de vários níveis para divertir ouvintes e leitores. Além dos erros gramaticais ou de concordância, são exploradas também as demonstrações (consideradas muito, mas muito engraçadas) de total desconhecimento sobre questões básicas de História, Geografia ou Matemática. Que acabam de qualquer forma constituindo também comprovação da deprimente realidade. Escritores assombrados incluem em seus textos referências a *e-mails*, cartas ou fax que recebem de leitores, com os mais comezinhos erros de concordância, grafia, e regência. Além disso, outros instrumentos atestam que o brasileiro que "sabe ler" pouco ou nada lê; já se disse que "o pior analfabeto é aquele que, sendo alfabetizado, nada lê" — por não querer ou não gostar. Até professores são incluídos no rol dos que pouco ou nada lêem.

Um colunista de jornal de larga circulação dedica-se com freqüência a publicar fotos de cartazes colocados em ruas das cidades brasileiras ou à porta de estabelecimentos comerciais com erros inacreditáveis e, de fato, hilariantes.

Grande parte das deficiências do ensino é atribuída à má formação docente, o que concorre para aumentar a crescente descrença da sociedade e da família em relação à escola. É só observar o crescente número de processos que pais movem contra escolas e/ou professores, ou a facilidade com que hoje se troca de instituição, bastando para tanto que o filho se *julgue* injustiçado ou diga em casa que determinado professor "não gosta dele" ou o persegue. Uma queixa é por vezes suficiente para que a família transfira a criança para outro colégio.

Embora tais atitudes não tenham evidentemente relação apenas com a questão da qualidade (está até muito mais ligada a outras variáveis, de que tratei de forma profunda no livro *Escola sem conflito — Parceria com os pais*),[32] a rapidez com que se descarta uma instituição educacional atesta a falta de credibilidade do ensino como um todo. É como se os pais acreditassem que "nessa ou em outra escola qualquer, não haverá grande diferença em termos de resultado final".

O paradoxo é que, se por um lado há na sociedade uma crescente desconfiança em relação ao que a escola está produzindo, por outro, acredita-se que, por meio do ensino, se possa resolver grande parte dos graves problemas que nos atingem hoje. Sejam novos problemas ou os antigos que se

---

[32]ZAGURY, T. *Escola sem conflito — Parceria com os pais*. Record, 2003.

aguçam (relacionados à ética social, à degradação do meio ambiente, à deterioração das relações sociais, ao recrudescimento de determinadas doenças etc.), há uma clara esperança de que, uns e outros, sejam resolvidos pela Educação, que dessa forma vai agregando mais e mais objetivos ao seu já vasto e inatingível rol.

Se o Brasil, em pesquisas internacionais que tratam de qualidade de ensino (inclusive as realizadas pelo governo brasileiro), encontra-se atualmente nas mais baixas posições; se o professorado é considerado mal treinado e mal preparado; se o currículo é considerado arcaico e obsoleto, como *incluir* novos e complexos objetivos a essa mesma instituição?

A pergunta melhor é, na verdade: *como meramente incluir novos objetivos, sem prover condições para que possam ser alcançados?*

É essa a contradição que incrementa e aprofunda os resultados ineficientes do ensino.

A necessidade de um currículo dinâmico e em contínua transformação é real. Mas *somente incluir novos objetivos melhora a realidade do despreparo docente?* Especialmente quando tais objetivos trazem em seu bojo a necessidade não apenas de treinamento, mas de aprofundamento filosófico, político, moral e científico desse mesmo docente que — a realidade vem demonstrando — ainda nem consegue ensinar a ler, escrever e contar (objetivos básicos)?

Com essas considerações em mente, incluí no estudo questões visando a avaliar a maneira pela qual o professor encara a inclusão ao currículo de novos objetivos relacionadas a Cidadania, Ética, Meio Ambiente, Prevenção ao Uso de Drogas e Educação Sexual, entre outras.

Busquei investigar dois aspectos: 1) se os professores estariam *motivados* a trabalhar esses novos elementos curriculares e 2) até que ponto eles se julgam *aptos* (capacitados) a trabalhá-los.

Essa preocupação está diretamente relacionada à questão da qualidade. Afinal como esperar resultados satisfatórios para essas novas e mais complexas propostas quando não se está alcançando nem objetivos mínimos da Escola Básica?

Vamos ponderar um pouco sobre a questão da Educação Sexual, por exemplo.

Sabemos que nem os sexólogos, com especialização e pós-graduação, têm conseguido alcançar satisfatoriamente seus objetivos mais elementares. O uso de *condon* ("camisinha") pelos jovens é um exemplo. Imaginem o que pode significar para um leigo (no caso em questão, o professor pode ser considerado leigo) lidar com tema tão complexo, que envolve, além de conhecimentos específicos, posturas pessoais, que variam em função da cultura familiar e social, assim como em função das próprias experiências pessoais, para citar o mínimo. Essa realidade (da qual é essencial ter consciência) *não me parece ter sido levada em consideração ao serem implantados os temas transversais do currículo.*

O fio condutor do pensamento que determinou a inclusão no currículo dessa grave e importante temática parece-me ter sido: *"Já que temos hoje no Brasil um incremento assustador de adolescentes grávidas — até entre meninas de 10 a 14 anos (dados dos dois últimos censos do*

IBGE) —, *por que não levar o professor a trabalhar o tema?*[33]
E, pronto. Só isso.

Os temas transversais, entre os quais se encontra Educação Sexual, devem fazer parte do currículo, sim. O professor de qualidade jamais se atém ao conteúdo estrito das matérias das quais está incumbido, e em geral trabalha temas da atualidade, trazendo para a sua sala fatos que a sociedade vivencia no momento, estejam ou não diretamente vinculados ao conteúdo que escolheu ensinar.

A visão globalizada da formação das novas gerações não é uma novidade do século XXI. O século XX, desde seu início, está repleto de pedagogos e estudiosos da educação cujas teorias remetem à necessidade de a escola inserir seu trabalho, o mais amplamente possível, no contexto social. Esse parêntese se faz necessário para que não haja dúvida acerca de que defendo, assim como tantos especialistas, que a Educação se faça de forma cada vez mais ampla. Mas, para que tal amplitude não aumente os fracassos que nosso ensino já tem, transformando-se em mais metas que apenas se agregam a tantas outras não cumpridas (como ler e escrever bem), é que faço a ressalva:

---

[33]Esse fato não ocorre somente no Brasil. Na Europa, pesquisa publicada em 2005 pela OMS, em parceria com a Brook e com o AGI Institute, revelou crescimento alarmante do comportamento inconseqüente de jovens em vários países, como Inglaterra, Dinamarca, França e Alemanha, entre outros. Situações de gravidez precoce, aumento das infecções por doenças sexualmente transmitidas, descaso com métodos de prevenção às DST e contracepção, antecipação da idade de início da vida sexual ativa, bem como de abortos vêm crescendo de forma alarmante.

Podemos, sim, trabalhar os temas transversais, desde que ANTES o docente receba formação para tal, de forma a que cada nova meta não concorra para uma ainda maior desqualificação dos resultados finais.

Ser um professor moderno, com amplidão de objetivos, é importante. Porém, sem que, a partir dessa visão ideal, se abandone *a razão primeira de a escola existir* (que, no meu modesto ponto de vista, consiste em dar primeiramente condições a toda criança e jovem de, ao concluir o Ensino Médio, inserir-se com dignidade na sociedade, isso significando estar apto a concorrer a um emprego, poder se manter social, financeira e afetivamente). Que o "melhor" não impeça o "mínimo necessário".

Vamos desenvolver os temas transversais (depois de melhorar as condições de trabalho e de preparar adequadamente o professor). Antes, porém, temos que mudar a realidade das nossas escolas de forma a cumprir as metas primárias do Ensino Básico.

Todos os brasileiros têm o direito de saber ler, fazer cálculos matemáticos básicos, escrever bem, interpretar com facilidade o que lêem, assim como precisam ser capazes de compreender a realidade que os cerca. São esses objetivos que temos que atingir PRIMEIRO. Porque quem não domina essas habilidades hoje está fora! Fora do mundo, fora da sociedade... ESTÁ FORA DE TUDO.

Certa vez li uma poesia (atribuída a Chico Xavier), da qual reproduzo uma parte, porque é o que, me parece, estamos fazendo em Educação:

A gente pode morar numa casa mais ou menos,
Numa rua mais ou menos,
Dormir numa cama mais ou menos,
Comer uma comida mais ou menos...
....
A gente pode olhar em volta e sentir
Que tudo está mais ou menos.
Tudo bem.
O que a gente não pode mesmo, de jeito nenhum,
É amar mais ou menos,
Ser amigo mais ou menos, acreditar mais ou menos...
Senão a gente corre o risco de se tornar
Uma pessoa mais ou menos

Acrescento, por minha conta e risco:

Nós, docentes, nas condições atuais
Não podemos, de jeito algum,
Ensinar tudo, e muito menos,
Ensinar tudo mais ou menos.

Queremos que nossos alunos leiam mais ou menos? Que entendam mais ou menos como precaver-se em relação às doenças sexualmente transmissíveis? Que o cidadão de hoje preserve mais ou menos nossas reservas naturais? Que nossos jovens sejam cidadãos mais ou menos?

Certamente não! Mas é o que temo — que cada vez mais estejamos incorporando ao ensino objetivos que sabemos *mais ou menos como atingir*, metodologias que conhecemos *mais ou menos*, e que, portanto, executamos também *mais ou menos*, infligindo aos nossos alunos algo como, *mais ou menos*, um estelionato cultural.

Quando autoridades educacionais acrescentam tarefas/objetivos novos ao trabalho docente *apenas formalmente ou legalmente*, estão ignorando ou pretendendo ignorar que, a cada elemento acrescentado num mesmo e inalterado contexto, novas demandas se criam, e que, se não atendidas, conduzirão quase inevitavelmente ao fracasso. Para evitar o que já ocorreu e ainda ocorre em situações assim, ter-se-ia que prover algumas condições *antes de implementar nova medida*, por exemplo:

- treinamento efetivo *a priori* do corpo docente e de quem mais estiver envolvido no projeto;
- previsão e disponibilização de verbas necessárias à operacionalização do projeto;
- prover as escolas de material adequado (audiovisual, para consulta, estudo etc.) de forma que o trabalho possa se desenvolver a contento, *mobilizando* e *interessando os alunos*. Informações "tipo aula expositiva" (sobre educação sexual, cidadania, poluição ambiental etc.) têm efeito quase nulo em termos de mudança de comportamento;
- preparar adequadamente as unidades escolares para tornar possível o uso de metodologias e/ou dinâmicas necessárias às características dos diferentes te-

mas/objetivos (bibliotecas com material moderno e adequado aos temas; livros; recursos audiovisuais; filmes; projetores para os mesmos etc.)

- prover tempo necessário (por semana, mês ou ano) para que se agreguem novas metas — considerando a carga horária diária em vigor e as possibilidades reais de operacionalização, evitando que o professor se veja forçado a subtrair tempo das atividades em desenvolvimento para atender à nova demanda; afinal, se o número total de horas diárias permanece inalterado, porém aumentam os objetivos a serem alcançados, que solução alternativa o professor tem?

- como esperar um trabalho efetivo e de qualidade sem adotar as medidas acima?

Quando nada disso é levado em conta e somente se introduz mais uma tarefa ou objetivo, sem suporte mínimo para os que a executarão, estamos fazendo uma *educação mais ou menos*, para não dizer que estamos fazendo uma *educação menos*. E, infelizmente, é o que se faz e o que tem sido feito.

Com tantas dificuldades — que poderiam conduzir os professores ao total desalento —, é encantador verificar os resultados da pesquisa, no que se refere à motivação do professor em relação aos novos encargos que surgiram nos últimos anos. É também igualmente essencial refletir sobre o grau de consciência e clareza que demonstraram.

Nos quadros que se seguem, é fácil perceber que motivação existe, e até mesmo certo grau de aptidão, mas é indiscutível que há uma diferença percentual expressiva, ao se comparar aptidão e motivação, que só engrandece o professor.

Quadro 10[34]
Aptidão/motivação para trabalhar temas transversais
Cidadania

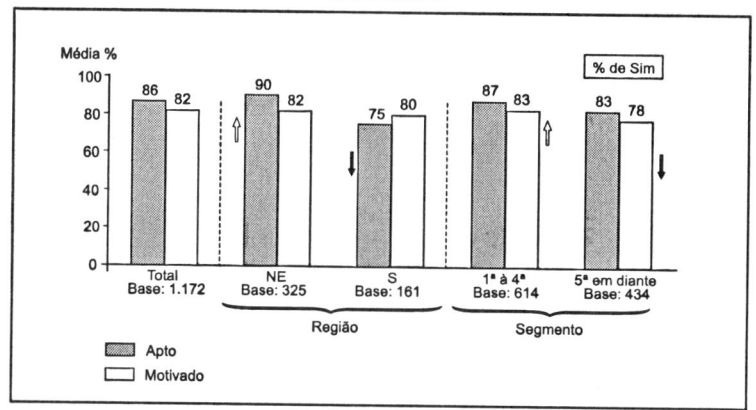

Quadro 11
Aptidão/motivação para trabalhar temas transversais
Ética

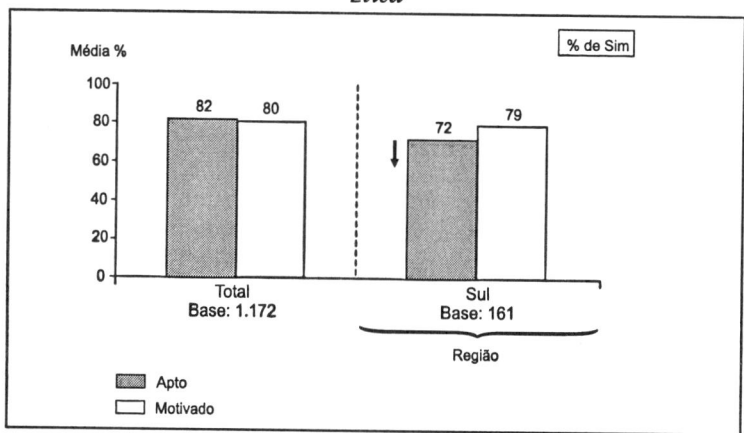

---

[34]Símbolos utilizados:
- setas negras voltadas para baixo = diferença estatisticamente negativa (menor que o total geral)
- setas brancas voltadas para cima = diferença estatisticamente positiva (maior que o total geral)

Aptidão/motivação para trabalhar temas transversais
Preservação do meio ambiente

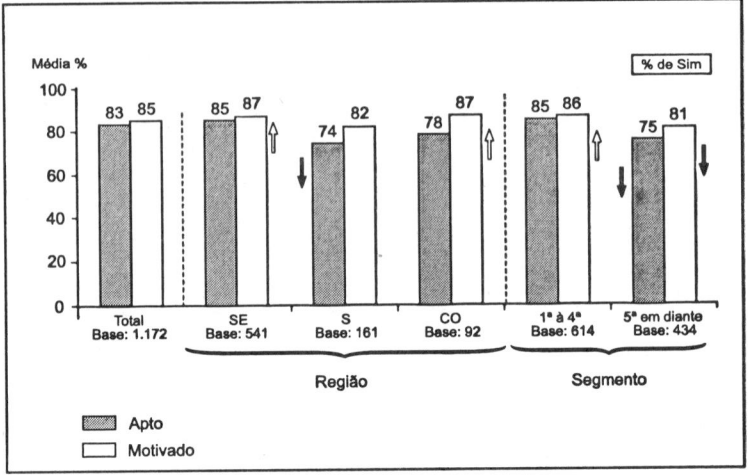

Em relação aos temas transversais avaliados nos quadros 10 a 12, é fácil perceber o alto índice de motivação (o professor está disposto a trabalhar os temas) assim como também é muito alto o percentual de professores que se consideram aptos (qualitativamente capazes de desempenhar bem). Especialmente no que se refere a três deles:

Tema	Apto — Motivado
Cidadania	(86-82%)
Preservação do meio ambiente	(83-85%)
Ética	(82-80%)

Em relação à Cidadania e à Ética, os professores consideram-se mais aptos que motivados. O contrário foi detectado em relação à Preservação do Meio Ambiente — a motivação suplantou em dois pontos percentuais o índice dos que se consideram preparados.

O cruzamento dos dados (qui-quadrado) do quadro 10, permitiu perceber que, na Região Sul, apenas 75% dos entrevistados consideram-se aptos a trabalhar o tema cidadania, diferença significativamente mais baixa que a média nacional (86%). Na Região Nordeste, ao contrário, houve diferença positiva significativa (4 p.p. acima da média nacional).

Em relação ao nível lecionado, encontramos diferença significativamente maior entre os professores de 1ª/4ª série — 1 p.p. acima da média geral nacional enquanto entre os de 5ª série Ensino Médio o índice foi significativamente mais baixo. Apenas 78% afirmaram estar motivados, contra 82% da média nacional.

Em relação à Preservação do Meio Ambiente (quadro 12) a estatística mostrou que os professores da Região Sul e os de 5ª série ao Ensino Médio são os que se consideram menos aptos e também os menos motivados. Os do Sudeste e Centro-Oeste (ambos com 87% contra 85% da média nacional) foram os mais motivados em relação ao tema.

É fundamental lembrar que as diferenças são pequenas (87% para os mais motivados contra 81% para os menos), com percentuais sempre muito elevados (em torno de 80%).

Já entre os que se julgam aptos e não-aptos, a diferença é bem maior: o índice variou de 74%, na Região Sul, até 86%, na Região Nordeste. Essa diferença de até 12 pontos percentuais é significativa e não pode ser ignorada, podendo indicar o nível de consciência do professor em relação aos conhecimentos que tem sobre o tema; pode também significar alto nível de exigência em relação ao seu próprio desempenho. Ambas, no entanto, reafirmam a necessidade de que se dêem condições efetivas ao professor de forma que a disposição positiva que apresentam não seja desperdiçada.

O que não se pode é esperar bons resultados sem treinamento adequado e satisfatório. A motivação, nesse caso, tende a decrescer, tanto mais rapidamente quanto mais consciente é o profissional.

Quadro 13
Aptidão/motivação para trabalhar temas transversais
Prevenção ao uso de drogas

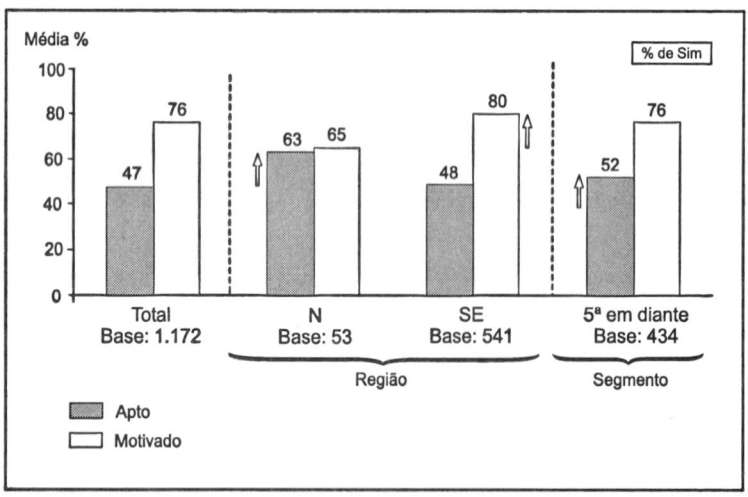

Quadro 14
Aptidão/motivação para trabalhar temas transversais
Educação sexual

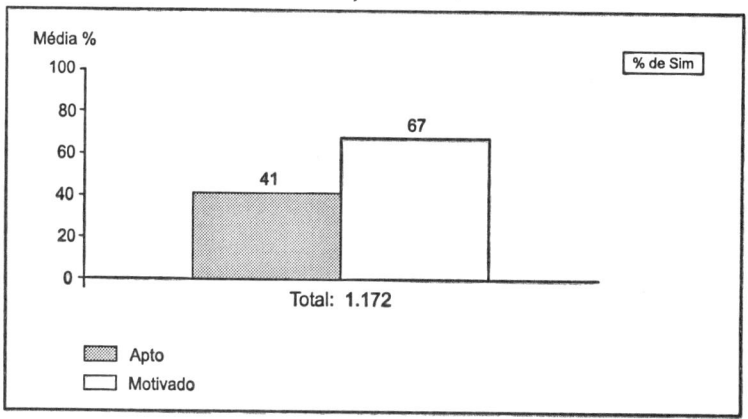

No que se refere à Prevenção ao Uso de Drogas e à Educação Sexual, a queda no percentual de professores que se consideram *aptos* cai *quase pela metade, em nível nacional* (47% e 41%, respectivamente), como atestam os quadros 13 e 14. Da mesma forma que o percentual de professores motivados (76% e 67%) cai bastante em relação à motivação pelos demais temas.

É quase impossível não associar aptidão e motivação. Quanto mais consciente é o profissional, mais inseguro se sente caso não se considere apto a fazer um trabalho adequado. Essa capacidade de auto-avaliação, em especial quando se trata de assuntos tão relevantes como os que estamos analisando, leva logicamente à menor motivação. Chama-se a isso *consciência profissional*.

É essencial chamar a atenção para o fato de que exatamente os temas que tiveram maior índice de rejeição foram aqueles para os quais existem hoje cursos de especialização, aperfeiçoamento e até formação em nível superior. Nada impede de pensar que essa rejeição maior sinalize a *consciência profissional* acima referida.

Professores da Região Norte foram os que se consideraram percentualmente mais aptos (63%); os da Região Centro-Oeste, os menos aptos (35%). Em termos motivacionais, os da Região Sudeste chegaram a 80%, ultrapassando em 4% a média nacional. Professores de 5ª série/Ensino Médio consideraram-se significativamente mais aptos que os de 1ª/4ª série, acima também da média nacional, em relação ao tema drogas.

O mais alto índice de motivação ficou com os professores da Região Sudeste (80%), 4 p.p. acima da média nacional. Os docentes da Região Norte foram os que se consideraram mais aptos para trabalhar na prevenção ao uso de drogas (63% contra 47% da média nacional, diferença estatisticamente significativa).

Outro dado bem expressivo se refere aos professores da Região Centro-Oeste, grupo com a maior diferença percentual entre os que se consideram aptos e os que se consideram motivados (apenas 35% se consideram preparados, enquanto 74% se declararam motivados para trabalhar com Prevenção ao Uso de Drogas).

De todos os temas transversais estudados, Educação Sexual foi o que apresentou percentuais mais baixos, tanto no que tange à motivação como à aptidão (mais até do que os referentes à questão das drogas). A queda é muito acentuada, como se percebe no quadro 14.

É muito relevante ressaltar que *não houve diferença significativa em nenhum dos cruzamentos (por região, segmento lecionado ou localização das escolas)* quanto à Educação Sexual, o que denota, portanto, uma coerência, que não pode ser desprezada. Em todo o país, há insegurança por parte dos docentes em relação ao tema. O que reforça a necessidade de se avaliar previamente as possibilidades de sucesso ou fracasso de cada medida ou mudança que se faça no currículo. Evidentemente, se se deseja realmente fazer educação com qualidade.

> **De modo geral, os docentes não se sentem bem preparados, embora estejam razoavelmente motivados para trabalhar com educação sexual, sem dúvida, o tema transversal no qual se mostraram mais inseguros.**

Analisar razões que expliquem essa realidade demandaria estudo específico, o que, aliás, recomendo seja empreendido pelas autoridades competentes, tendo em vista que o assunto já faz parte do currículo. Mas creio que algumas considerações iniciais podem ser feitas com bastante segurança.

Pela sua gravidade e complexidade, bem como pela relevância social e repercussões na família e na sociedade, Educação Sexual e Prevenção ao Uso de Drogas constituem hoje campos de estudo específicos e que já contam com especialistas que se preparam por toda uma vida, seja em cursos de graduação (Medicina/Psiquiatria ou Psicologia), seja em pós-graduações e mestrados. Como esperar que o professor, praticamente sem nenhum treinamento ou com treinamento mínimo, se sinta confortável diante de tal objetivo? Ou apto e seguro?

Não é demais lembrar — no que se refere ao tema Prevenção ao Uso de Drogas — que na nossa sociedade a maioria das pessoas adultas se sente em relação ao assunto, com toda a razão, fortemente ameaçada pelo entorno que alimenta o ciclo usuário-dependente químico/aliciador-traficantes.

Portanto, é preciso considerar nesse quesito não apenas a questão do "sentir-se apto" ou "motivado". Há que considerar também o medo e a insegurança. Lidar com um assunto que contraria interesses econômicos importantes e que é circundado por violência até contra pessoas notoriamente conhecidas da mídia e, portanto, talvez *um pouco* mais protegidas (o assassinato do jornalista Tim Lopes revelou como estão pouco protegidas as pessoas que tratam a questão) pela visibilidade que têm. Como se sentirá um professor cujo aluno pode ser um parente, protegido ou ele próprio usuário (ou aliciador) ao esclarecer, debater e tratar um tema de tal magnitude?

Saber e motivação podem não ser suficientes no caso. Talvez os professores não se sintam fisicamente seguros para fazer esse trabalho.

Quanto à Educação Sexual (quadro 14), além da complexidade, há outra característica que deve ser pensada e discutida. Para alcançar seus objetivos (prevenir os riscos da imprudência e do desconhecimento e evitar o incremento da gravidez precoce e das doenças sexualmente transmitidas), é preciso *envolver os jovens de forma muito significativa*, caso contrário transforma-se numa mera aula de ciências na qual se estuda o ciclo reprodutivo humano. Além disso, parte essencial do trabalho — se o desejamos, de fato, útil do ponto de vista social — obrigatoriamente deve incluir discussões filosóficas, políticas, éticas e culturais. E é preciso considerar que nem sempre as famílias desejam ver seus filhos orientados por pessoas de quem não conhecem o pensamento, a visão de mundo e a orientação de vida, assim como não desejam que seus filhos se orientem de forma diversa daquela na qual acreditam. Não é nada simples.

Por outro lado, encontrar uma forma (metodologia) de ensinar, orientar e educar sexualmente a juventude de hoje, tão fortemente influenciada/mobilizada pela mídia, a não retardar um minuto sequer tudo o que possa significar prazer (imediatismo, consumismo e competitividade são molas mestras da sociedade atual) é um grande desafio.

Se esse assunto não for trabalhado de forma a atrair os jovens para repensar a liberdade e suas conseqüências, pode acabar se tornando apenas mais uma fonte de conflitos (professores e alunos; escola e família) ou tornar-se mero e mal aceito arremedo do que se pretende educacionalmente.

Para melhor visualização, resumi os quadros 10 a 14 num outro (quadro 15), sob a forma de curvas que permitem melhor visualização do conjunto. A inclinação descendente para a direita demonstra a queda das competências dos professores, segundo sua própria percepção, em relação aos cinco temas transversais abordados no estudo. Fica fácil perceber, por exemplo, que, enquanto 86% dos professores se consideram aptos para tratar a temática Cidadania, apenas 41% se julgam em condições de trabalhar Educação Sexual (menos da metade!).

E assim sucessivamente.

Quadro 15
Aptidão/motivação para trabalhar temas transversais

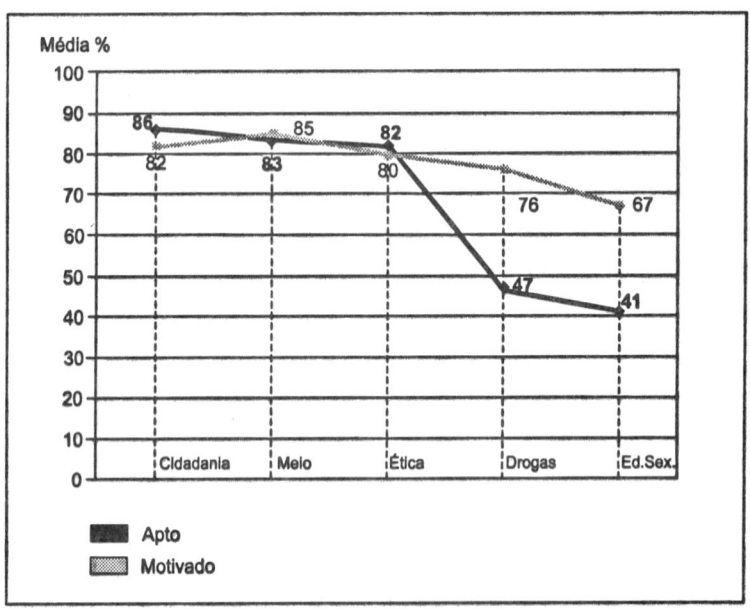

Lembro que os quadros do presente capítulo registram somente o quantitativo de professores que responderam afirmativamente à questão. Os que responderam que "não se consideravam aptos" ou "não motivados", não foram neles incluídos.[35] Em outras palavras, os quadros 10 a 15 só incluíram o percentual de professores que se declararam aptos e motivados a trabalhar com os temas transversais. Isso significa que, se 47% se dizem aptos, 53% não se consideram como tal e, portanto, não foram incluídos nesses quadros em que estava sendo avaliada a relação aptidão/motivação.

Pode-se, pois, concluir que, com treinamento sério e adequado (não duas ou três reuniões ou palestras, logicamente), poderíamos avançar de forma significativa num campo em que prevenção é indiscutivelmente a melhor arma. Mas isso não se consegue sem um treinamento sério — e *a priori*.

> *Que tipo de resultados podemos esperar de uma estratégia que "joga" os professores para tarefas seriíssimas, mas para as quais não foram adequadamente trabalhados e — mais ainda — não foi nem sua escolha profissional?*

Ainda assim, como se viu, grande parte deles está disponível, disposta. Os resultados apresentados denotam consciência crítica, clareza e disposição dos professores em relação aos temas transversais.

O "recado", porém, é claro:

---

[35] Se necessário, consulte o anexo 3 — "Instrumento utilizado na pesquisa".

> Não estamos ainda sabendo trabalhar direito os temas transversais do currículo, de forma que o resultado seja de fato socialmente importante — mas queremos fazê-lo! Apenas, ajudem-nos, dêem-nos as condições e os saberes, suporte, infra-estrutura, condições, enfim — e então nós o faremos, e faremos bem!...

Em que outra profissão se encontra tal disposição?

Tema 5 — O professor diante de alguns
pressupostos pedagógicos

Nas últimas décadas, métodos e técnicas educacionais consagrados em Pedagogia foram seguida e severamente questionados por autores de diversas correntes, que começaram a se tornar conhecidas a partir da segunda metade do século XX. Muitos deles faziam parte da prática docente e eram utilizados por quase a totalidade das escolas, no Brasil e no mundo.

Aulas expositivas, provas escritas ou orais, segunda época, reprovação, nota, decorar, programa de ensino, conteúdo, prêmio e castigo, para citar alguns, foram aos poucos substituídos por outros, considerados mais modernos e (portanto!) mais eficientes. Por exemplo: a prova oral, antes uma rotina nas escolas, passou a ser considerada estressante e humilhante; foi abolida.

A prova escrita também passou por duras críticas, tendo sido sucessivamente substituída por outros mecanismos considerados mais adequados e atuais, por exemplo, a autoavaliação, os trabalhos de grupo, a pesquisa e as fichas de observação de desempenho. Provas não foram abolidas, mas passaram por muitas e contínuas modificações, especialmente quanto à forma de construção, tornando-se mais didáticas e justas.

As provas finais (em que se avaliava todo o conteúdo trabalhado durante um ano ou semestre) tornaram-se cada vez menos freqüentes, sendo substituídas por avaliações parciais, em geral restritas aos objetivos desenvolvidos a cada bimestre.

O regime seriado foi substituído, nas universidades, pelo regime semestral. No ensino fundamental, a avaliação mensal cedeu vez à avaliação bimensal. As "notas" foram substituídas na rede pública de ensino por conceitos. No Brasil — mas não somente aqui —, essa forma de verificação da aprendizagem foi entusiasmadamente defendida por grande número de especialistas. A Lei de Diretrizes e Bases da Educação Nacional (Lei 5.692/71) concretizou a prática, tornando obrigatórios o uso de conceitos e a avaliação "preponderantemente" qualitativa. Embora dirigida a todo o ensino oficial e oficializado,[36] é importante ressalvar que grande parte das escolas particulares não adotou a medida. Algumas o fizeram por um tempo, mas depois retornaram ao uso das notas.

Os conceitos inicialmente escolhidos foram revistos depois de alguns anos e também mudaram. Assim, tivemos o "E, MB, B, R, I" (excelente, muito bom, bom, regular e insuficiente), algum tempo depois substituídos por "A,B,C,D,E" ou por "TA,PA, NA" (objetivos totalmente atingidos; objetivos parcialmente atingidos; objetivos não atingidos). A nomenclatura obedece a determinações das Secretarias de Educação e podem, portanto, mudar de um estado ou de um município para outro.

---

[36]Ensino oficial = todo o conjunto das escolas da rede pública. Ensino oficializado = Escolas da rede privada, reconhecidas oficialmente, e sob supervisão administrativa dos órgãos públicos.

Outros conceitos, que faziam parte do repertório docente — como "ensinar" e "aprender" —, passaram por grandes modificações. Passou-se a utilizar a expressão "processo ensino-aprendizagem", por melhor expressar a inter-relação entre o trabalho do professor e o do aluno. Ao redimensionar-se o papel do professor, aumentou-se sua responsabilidade no processo, mostrando que não existem dois percursos separados — um (ensinar) que cabe ao professor, e outro (aprender), que depende do aluno. Evidenciava-se a interdependência fundamental entre o trabalho do professor e o desempenho do aluno. Esse enfoque visava também a incrementar o uso de métodos e técnicas variados, de forma que proporcionasse mais chances de aprendizagem.

Foi um progresso, sem dúvida. Porém, numa inesperada contrapartida, mais uma dessas distorções que não se sabe exatamente como surgem ocorreu. Como se ressaltou muito a importância da tarefa docente, isso acabou provocando uma sutil e quase imperceptível idéia de que *todo o esforço do aprender — ou quase todo — é tarefa do professor*. Que é tarefa do professor, não há dúvida. Mas não é só do professor. E ultimamente quase não se fala mais da responsabilidade e dos deveres dos alunos. Só dos direitos.

O problema dessa postura é que está se criando no aluno a expectativa de que o professor *precisa e deve atrair sua atenção e interesse* — o que é verdade em parte, porque de fato as aulas devem ser didaticamente adequadas e atraentes. O que não deve significar (nem pretendia) que o aluno não precisa, ele também, fazer a sua parte ativamente. Não exime, portanto, o estudante da contrapartida. Se ele tem *direito* de aprender, também tem o *dever* de se esforçar e se concentrar para *poder aprender*.

A escola moderna, ativa, reflexiva e participativa não é um lugar em que as pessoas são contratadas para "divertir" os alunos, como se fossem os docentes, artistas ou performáticos. Isso muitas vezes de fato ocorre. Transformar as aulas em momentos divertidos e lúdicos não significa, porém, que todos tenham que obrigatoriamente, em todas as aulas, inventar formas e fórmulas divertidas ou engraçadas para que o aluno preste atenção.

A sala de aula é o local ao qual ele vai porque é *do seu interesse aprender*, porque precisa ser independente intelectual e financeiramente. E nada se aprende se não se quer aprender. Nada se consegue sem esforço ou sem empenho e consciência. Ainda que alguns temas ou assuntos pareçam desinteressantes ou sem importância, ele, aluno, precisa compreender que, quando adquire um novo saber, não está fazendo "um favor" aos pais e professores. Aprender é uma necessidade vital, um pré-requisito da sociedade moderna; adquirir saberes deve, pois, constituir, para quem aprende, uma felicidade, um instrumento que irá beneficiá-lo em primeira instância e, dependendo do seu empenho e capacidade, poderá beneficiar também a sociedade como um todo.

Outras mudanças inicialmente excelentes acabaram tendo sua possibilidade de melhoria do processo quase anulada pelo uso indevido. Por exemplo, a prática de "decorar" (memorizar), que era usual (listas de verbos, femininos, coletivos, nomes de rios e seus afluentes, tabuada, fatos e datas históricos faziam parte do dia-a-dia de todos os alunos), passou a ser vista como arcaica, especialmente pelo exagero com que era utilizada, aconselhando-se evitar o mais possível seu uso, principalmente quando feita de forma mecânica, sem que a criança compreendesse seu sentido. E, mais uma vez, caiu-se no outro extremo — praticamente aboliu-se a memorização do processo. Em conseqüência, hoje, os alunos não sabem qual é a capital da Espanha, onde fica o rio Danúbio, nem sabem quanto é 9 x 3, nem que toda palavra proparoxítona deve ser acentuada.

Paulo Freire, talvez nosso mais querido educador, quando chamou de conhecimento bancário a memorização mecânica, não proscreveu toda e qualquer forma de memorização, apenas a mecânica. Imagino que ele jamais poderia supor que sua afirmativa, tão lúcida, sobre a necessidade de compreender para aprender, acabaria distorcida e radicalmente interpretada (nada mais pode ser "decorado").

O que pretendo com essa análise toda — que a alguns pode estar parecendo longa e sem sentido — não é criticar as mudanças, mas chamar a atenção para suas distorções e conseqüências, especialmente em relação à sua influência na qualidade do ensino.

E isso ocorreu porque poucos foram os professores que tiveram a oportunidade de estudar ou analisar profundamente essas novas práticas. Não tiveram tempo também para refletir se eram convenientes, se poderiam ou não melhorar o fazer pedagógico. As mudanças apenas chegavam — e para serem colocadas em prática —, mais e mais mudanças a cada dia.

Inseguros, os professores viram paulatinamente ruir suas convicções pedagógicas. Cada um dos elementos que faziam parte do seu dia-a-dia (métodos de ensino, avaliação, recursos audiovisuais, formas de disciplinar em sala, planejamento, estrutura curricular) se tornou obsoleto e caiu em desuso. Foi se tornando necessário, com freqüência cada vez maior e em rápida sucessão —, abandonar a experiência acumulada durante anos de sala de aula. Por seu turno, o Estado lhes deu pouco treinamento, pouco tempo para se adaptarem, e — mais grave ainda — fez poucas mudanças estruturais. Esse tem sido o quadro vivenciado pelos professores brasileiros a partir dos anos 1970, aproximadamente.

À medida que determinados conceitos passavam a ser considerados indiscutíveis (e inatacáveis) para o que se preconizava ser a moderna pedagogia, mais difícil se tornava para os professores opor-se ou não adotar a mesma linguagem. Trabalhando como supervisora de distrito educacional em escolas municipais e também como docente na Faculdade de Educação da Universidade Federal do Rio de Janeiro, durante anos, tive contato diário e múltiplas oportunidades de ouvir os professores — das redes pública e privada. Minhas aulas nas disciplinas de Didática e Supervisão Escolar eram propícias à exposição das dúvidas e dificuldades que os professores vivenciavam. Com clareza e sinceridade, já que estávamos em situação de aprendizagem, fui testemunha das incertezas e das perplexidades que cada uma dessas mudanças trouxe para o "fazer pedagógico". As análises aqui apresentadas são, acima de tudo, fruto dessa troca riquíssima com os docentes que atuavam nas escolas da rede de Ensino Básico do município do Rio de Janeiro.

Por todos esses muitos anos de trabalho e experiências riquíssimas, não poderia deixar de incluir no estudo questões que visassem a verificar até que ponto os professores realmente concordam com os conceitos que se utilizam hoje nas escolas. Será que correspondem ao que pensam os docentes, ou apenas expressam o que eles consideram ser "adequado" ao perfil do docente eficiente e moderno?

Para que as respostas pudessem ser de fato fiéis:

1) os docentes tiveram o anonimato claramente garantido;

2) utilizei a técnica de "perguntas casadas", em que o cruzamento de uma e outra (seu par e oposto conceitual) permite verificar a consistência da resposta. Dessa forma, quem responde afirmativamente a determinada questão, se o faz expressando de fato o que pensa, deverá responder negativamente àquela que constitui o seu par, e vice-versa. Verifica-se, por meio dessa técnica, em que percentual os professores expressaram coerentemente seu pensamento. *Alto índice de incongruência* permite inferir que o conceito emitido *não reflete* o pensamento emitido. E vice-versa (consistência/inconsistência).

Como não seria possível incluir todos, selecionei alguns dentre os itens que sofreram alterações mais profundas nas últimas décadas: o conceito de escola de qualidade; a questão do controle da disciplina e da motivação; da escolha da metodologia; da aprovação/reprovação de alunos; da utilização de recursos audiovisuais; das técnicas de ensino (socializado *versus* individualizado) e da questão da relação professor *versus* aluno.

Quadro 16

Considera falsa ou verdadeira a afirmativa	% de Verdadeiro
1) A melhor forma de disciplinar é conseguir motivar o aluno	95
2) A boa escola é aquela que ensina valores e conteúdo	94
3) A reprovação só causa danos se for injusta e o aluno não tiver tido real oportunidade	91
4) Bom professor não é o que ensina, mas o que leva o aluno a aprender	87
5) Bom professor é aquele que tem conteúdo, sabe transmiti-lo	86
6) A melhor escola é aquela em que o aluno encontra professores amigos e ambiente agradável	62
7) O uso de recursos audiovisuais variados garante uma boa aprendizagem	58
8) A melhor forma de aprender é através do trabalho de grupo	44
9) A maior parte das inovações educacionais que chegam às escolas raramente trazem progresso para os alunos	24
10) Corrigir provas ou trabalhos com caneta vermelha causa danos emocionais ao aluno	20
11) A reprovação traumatiza o aluno, impedindo seu progresso posterior	15
12) Em toda turma sempre vai existir um percentual de alunos que não querem estudar	12
13) Atualmente a aula expositiva é um recurso ultrapassado que não deve ser usado	7
14) Passar tarefas para o aluno em casa sobrecarrega o aluno	4
15) A melhor forma de conseguir disciplina é dar uma prova bem difícil	1
Base 1.172	

Um dos conceitos que mais alterações vêm sofrendo se refere à aprovação/reprovação de alunos.

De um lado, temos o grupo que considera *inadequado reprovar* — ainda que o aluno não apresente o crescimento mínimo necessário à série/ciclo que cursa. Segundo essa corrente, a adoção dos Ciclos de Estudo e da Progressão Continuada seria a forma correta de resolver o problema, já que consideram que "todo aluno sempre aprende alguma coisa" e que o aluno reprovado se sente punido e freqüentemente abandona os estudos ou fica com problemas de auto-estima.

Em oposição, há aqueles que consideram a reprovação dos que não alcançam os objetivos mínimos da etapa um fato pedagógico normal, não determinando *obrigatoriamente* evasão ou baixa auto-estima, salvo se o aluno for avaliado de modo injusto ou não tiver oportunidade real de sanar as deficiências naturais que surgem durante o desenvolvimento do processo de aprendizagem. Errar faria parte do processo de acertar/aprender.

A retenção do aluno que teve todas as oportunidades de alcançar os objetivos mínimos exigidos (cerca de 50% do total) é encarada por esse grupo de pensadores não como *causa* e sim como *conseqüência* normal do não atingimento dos objetivos. Consideram que, mantendo o aluno por mais um ano na mesma série, as oportunidades de superação das dificuldades serão muito maiores. O que não ocorre no caso da progressão automática, em que, às dificuldades já constatadas, se agregam os novos objetivos da série subseqüente (muitas dos quais dependem de aprendizagens anteriores que não ocorreram).

O quadro 16 revela que apenas 15% dos professores . consideram que a reprovação causa traumas ao aluno ou impede seu progresso posterior. A reprovação é encarada, portanto, pela maioria dos professores (85%) como um instrumento de que se pode lançar mão se necessário sem maiores problemas. A consistência ficou evidenciada na medida em que apenas 9% consideraram verdadeira a afirmativa "a reprovação sempre causa danos ao aluno,[37] ainda que lhe tenha sido dada oportunidade real de aprendizado, recuperação".

A afirmativa 12 (*sempre vai existir nas turmas um percentual de alunos que não quer estudar e por isso têm que ser reprovados*) foi assinalada como verdadeira apenas por 12% dos professores, o que significa que 88% consideraram a afirmativa falsa. Pode-se, portanto, inferir que são poucos os professores que ainda utilizam a reprovação como instrumento de poder (segundo a qual, quanto mais os docentes reprovassem, mais respeitados e temidos seriam, e em conseqüência os alunos, amedrontados, se esforçariam mais), sem basear-se em fatos relacionados com a aprendizagem.

Se as mudanças em Educação levassem em conta o que pensam os professores, seguramente não se teria implantado o sistema de Ciclos na rede pública.

---

[37]Uma das bases teóricas do Ensino por Ciclos afirma que o aluno que não aprendia no regime seriado ficava retido às vezes por seis anos (ou até mais) na 1ª série. Aos 12, desajustado, ao lado de crianças de 7, ainda continuava sem saber ler nem escrever. No Regime de Ciclos, o círculo vicioso da repetência seria rompido, e caberia à escola a responsabilidade de ensinar, sem deixar ninguém para trás. A prática vem demonstrando, no entanto, que não é o que está ocorrendo nas nossas escolas.

Se o que se pretendia era diminuir a evasão e a repetência, os objetivos não estão sendo alcançados. Muito embora a evasão *aparentemente* tenha diminuído — apenas se levarmos em conta o número de alunos matriculados nas primeiras séries e não o compararmos com os que concluem a 8ª e o Ensino Médio. Quanto ao incremento da qualidade, essa revolução tão esperada ainda não aconteceu. Como já foi citado, os últimos estudos de organismos como MEC, Unesco, OIT mostram que continuamos com graves deficiências na Educação Básica.

O Sistema de Ciclos funciona da seguinte forma, em tese: a criança é matriculada no que corresponderia à antiga 1ª série do Ensino Fundamental. Ao final dessa primeira etapa, *todos* os alunos passam ao ciclo seguinte; se alcançarem os objetivos *antes* do tempo previsto, podem passar ao segundo ciclo de imediato, até concluir todos, o que dá a possibilidade de os alunos progredirem mais rápido. Além disso, qualquer problema de aprendizagem, também em tese, deve receber atenção imediata, de forma que as deficiências sejam superadas.

Parece perfeito? Parece. O problema é que se os alunos não atingem os objetivos mínimos de um ou de vários ciclos, continuam sendo promovidos. Portanto, vão agregando, ano após ano, às deficiências iniciais, qual bola de neve, todas as demais que não puderam ser alcançadas. Grande parte dos objetivos educacionais são pré-requisitos uns dos outros. Nessa altura do campeonato, o aluno não traumatizado (graças a Deus e à Progressão Continuada!), *porém analfabeto*, segue sua caminhada... Até um ponto do qual não há retorno...

Imaginemos agora uma menininha, uma criança fofa e cheia de esperanças, calminha, que não cria problemas, que entrou para a escola pública. É um doce de criança, mas um tanto dispersiva e sem muito estímulo. Foi passando de ciclo a ciclo, porque é assim que funciona, mas mal sabe ler, não compreende o que lê, faz contas simples com dificuldade, não consegue resolver problemas básicos, não entende um mapa, não consegue analisar os dados de uma tabela — mas, felizmente, não repetiu ano nenhum e, portanto, não abandonou os estudos (ou a escola?), e, por alguma insondável razão, não está nem de longe percebendo que não aprendeu nada.

> Pausa mínima para pequena indagação:
> Será que nossas crianças, que são tão sensíveis e traumatizáveis em relação a uma nota baixa ou a uma sanção, são tão impassíveis e apáticas em relação ao saber? Estando completamente defasadas em relação aos colegas de turma, nada percebem? Por exemplo, que um bom número sabe multiplicar e ela nem somar consegue ainda? Será mesmo possível essa dualidade?

Nossa menininha chegou à 5ª série. Imaginemos agora o dilema de um professor de Língua Portuguesa ao deparar-se com vários e vários alunos como a nossa menininha do exemplo acima. Nessa etapa ele estaria trabalhando um objetivo como, por exemplo, "desenvolver a capacidade de análise, síntese e avaliação de textos de autores brasileiros". Ele constata que metade dos alunos não sabe ler o básico e os demais lêem razoavelmente bem. O que ele deve fazer?

Ah, sim, diversificar! Claro. É isso mesmo do ponto de vista metodológico. Mas será que ele tem condições para fazê-lo? Não precisamos voltar ao que já discutimos — falta de infra-estrutura, turmas com excesso de alunos etc. Quem trabalha na realidade da sala de aula, especialmente nas escolas da rede pública — a maioria dos docentes —, conhece a dificuldade de colocar em prática esse objetivo nas atuais circunstâncias. Não é impossível, mas é muito, muito difícil.

A não ser, portanto, que mudem as condições, essa nossa amiguinha do exemplo e seus colegas na mesma situação acabarão repetindo o ano, ao fim do regime de ciclos (corresponde à entrada do que era o antigo ginásio ou à 5ª série no regime seriado, mais ou menos).

E aí, nesse momento, os alunos podem repetir? Agora não vai mais dar trauma? Nem baixar a auto-estima? Não vão deixar de ir à escola (evasão)?

Nossa aluninha do exemplo, se não for retida, irá passando, passando, até concluir a 8ª série. Sem ter superado as deficiências.

E o Brasil continuará a figurar nas listas dos menos eficientes em Educação.

Sem pré-julgamentos a favor ou contra, com toda a isenção, vamos considerar outro dado: como estão reagindo os alunos a partir da percepção de que a escola de hoje raramente reprova? Seria muito absurdo ou despropositado supor que *ao menos parte* da indisciplina e desinteresse dos alunos (apontado nesse estudo pela maioria dos professores como o maior dos problemas da escola atual) tenha relação com a consciência de que reprovação é hoje uma possibilidade cada vez mais remota? Na rede privada isso também é fato. Embora não adotem o sistema de ciclos, é cada vez mais freqüente o aluno reprovado mudar para outra instituição com o incentivo dos pais, convictos de que o filho nunca conseguiria superar o "trauma" de continuar num colégio em que os antigos colegas de turma foram promovidos, e ele não. Utilizam argumentos como os que se seguem (e outras de teor semelhante):

> *"Meu filho ficaria abalado em sua auto-estima se continuasse na 6ª e os colegas fossem para a 7ª série";*

> *"O caso do meu filho foi de uma injustiça absurda: ele foi reprovado por meio ponto apenas!! E me diga — o que é afinal meio pontinho? Foi má vontade do professor, rigidez, sabe? (esquecem que a aprovação em geral ocorre com exigência de apenas 50% de aproveitamento — o que é muito pouco se desejamos fazer frente às necessidades mundiais de saber e qualificação)."*

> *"Coitadinho do meu filho, tão comportado! E nem assim foi aprovado. Os professores dessa escola não sabem o que é avaliação moderna!"*

Não teriam, hoje, muitos dos nossos jovens convicção de que, sabendo ou não, estudando ou não, na maior parte das vezes serão aprovados?

Tenho consciência de que devo estar nesse exato momento deixando muitos leitores de "cabelo em pé", porque sei que essas não eram as intenções nem o propósito das novas propostas pedagógicas. Mas o fato é que distorções ocorreram e estão aí na rede pública, ou na privada, que recebeu também a influência desses conceitos. Não se pode nem imaginar o tipo de desdobramentos ou conseqüências que estão surgindo na prática. A mais visível talvez seja a queda da qualidade do ensino brasileiro como um todo.

A análise crítica *não pode e não deve excluir nenhuma hipótese*. Por isso, embora consciente de que o pensamento de grande parte dos teóricos e especialistas em avaliação não é esse, especialmente daqueles que estão muito influenciados pelos problemas da *psique*, não posso deixar de questionar:

Até que ponto nossos alunos — com a capacidade que têm de perceber nossas "fraquezas" e inseguranças — já não compreenderam o atual processo? Afinal, não é também verdade que, por sermos humanos, temos a tendência à já famosa e conhecida "lei do menor esforço"? Com nossos próprios filhos, não cortamos "um dobrado" quando nos percebem intimidados ou culpados? A forma de agir e analisar o mundo — hedonista e imediatista nos jovens — seria diferente com os professores?

Se os alunos percebem que, estudando ou não, "passam" de ano, vão continuar estudando? Se, respondendo mal ou sendo gentis e educados, provocam praticamente as mesmas reações nos professores e autoridades (convenhamos, em princípio, os alunos, em sua maioria, não são "amantes" dos estudos, especialmente hoje em dia, com tantas benesses tecnológicas atraentes, facilidades e liberdade), por que seriam polidos e gentis quando contrariados?

Não estaria essa concepção protecionista enfraquecendo-os, diminuindo sua persistência, determinação e decisão de vencer obstáculos? De que forma, mesmo nós, adultos, agimos quando alguém (por exemplo, um amigo, namorado, colega de trabalho ou a mamãe superlegal) faz tudo por nós? Qual a tendência da maioria? Aproveitar, não é mesmo?

Não é bem provável que boa parte das crianças e jovens tenha percebido o clima existente nos colégios,[38] e daí derivado para uma maior acomodação, já que, por características da idade (imaturidade, por exemplo), não têm como aquilatar *a priori* seus prejuízos ou se perceberem como os maiores prejudicados nessas circunstâncias?

Pelo que o estudo revelou, apenas 12% dos docentes (ainda do quadro 16) acredita que *sempre — em todas as turmas — existirá um grupo de alunos que não estuda e por isso tem que ser reprovado*. Não há razão para se achar, portanto, que todo professor que reprova um aluno o faz por algum estranho e sádico motivo, por "vingança" ou como "castigo" (salvo em alguns casos, é claro).

Pelo contrário, é razoável acreditar que o tempo em que "reprovar muito" dava *status* não encontra eco no pensamento do professor brasileiro do Ensino Básico. Afinal, 99% consideraram falsa a afirmativa de que a melhor forma de disciplinar é dar uma prova bem difícil.

---

[38]Esclareço que, embora a Progressão Automática e o Regime de Ciclos sejam adotados apenas nas primeiras séries do Ensino Básico, todo o sistema tem caminhado no sentido de diminuir exigências de conteúdo, motivados por vários fatores, um dos quais, sem dúvida, é a generalização do conceito de "trauma da reprovação".

Analisando as afirmativas 6 e 3 ("a melhor escola é aquela na qual o aluno encontra professores amigos e ambiente agradável, porque mais importante é a relação afetiva" e "a boa escola é aquela que ensina valores e conteúdo, levando o aluno a ter melhores oportunidades na vida, profissional e pessoalmente") do mesmo quadro, percebe-se que 94% dos professores acreditam que a "boa escola" (aqui usada no sentido de escola de qualidade) é aquela que desenvolve *valores e conteúdo*, que dá ao aluno oportunidade de crescer na vida, tanto pessoal como profissionalmente, contra 62% que consideram a escola o espaço onde o aluno *prioritariamente* deve ter professores amigos e ambiente agradável, isto é, a relação afetiva entre professores e alunos é o mais importante.

Muito se tem falado da importância do afeto, respeito e carinho que deve existir entre professor e alunos. Nas últimas décadas, a idéia evoluiu no sentido de priorizar a relação afetiva (provavelmente oriunda de distorções de linhas psicológicas)[39] sobre os demais objetivos da escola, gerando grande impacto. São conceitos originários de brilhantes teóricos, não obrigatoriamente focados na Educação. Só para citar um que conquistou muitos adeptos no Brasil — Carl Rogers. Talvez nenhum desses teóricos tenha realmente pretendido "priorizar" um aspecto sobre o outro. Talvez pela presença do castigo físico arbitrário (palmatória, ajoelhar no milho, colocar "chapéu de burro" entre outros maus-tratos), que por décadas se utilizou nas

---

[39]Aqui utilizado no sentido de "generalizar ou elaborar conceitos relacionados à psique, sem base em estudos que os respaldem".

escolas de todo o mundo, esses grandes pensadores — com toda a razão — estivessem tentando fundamentar e difundir a idéia de que, com afeto e amor, se colhem melhores resultados, em quaisquer relações, sejam ou não educacionais.

Infelizmente, essa bela concepção sofreu as conseqüências do maniqueísmo reducionista que acaba fazendo com que as pessoas insistam em crer que sempre se tem que optar entre dois lados — ficando a favor ou contra. Muitas coisas na vida são inclusivas, como o amor e a responsabilidade, ou como o respeito e os limites. Podem coexistir — aliás, é muito melhor quando coexistem...

Dar afeto e tratar os alunos com respeito é uma condição básica e necessária. No entanto, essa forma de interação não anula ou exclui a necessidade de se alcançarem *também* objetivos cognitivos e competências indispensáveis ao jovem que ingressa no mercado de trabalho, na vida, no mundo real enfim, após a conclusão de seus estudos.

O conflito na realidade é inexistente, fruto da visão equivocada e focada prioritariamente na relação professor-aluno, como se fosse necessário escolher entre "ensinar" ou "amar". Na escola de qualidade, os dois têm que coexistir. No entanto, a visão reducionista do homem vem se exacerbando na escola, assim como já ocorreu na família.[40]

Todos querem (e devem) ser tratados com afeto, carinho e respeito. No entanto, assim como um pai (au-

---

[40]Em relação à família, tratei o tema em vários livros — *Limites sem trauma* (Record, 2000); *Educar sem culpa* (1993); *Sem padecer no paraíso* (1991).

toridade) responsável tem que chamar os filhos à realidade quando percebe erros, dúvidas ou atitudes inadequadas (e isso não significa absolutamente que o amor diminuiu, nem o afeto), da mesma forma têm que agir os professores. Aliás, a própria teoria da educação moderna coloca como objetivos maiores a "formação", prioritariamente à informação. Se não se pode chamar a atenção de um aluno que desrespeita um colega, porque isso pode gerar um problema emocional ou "humilhar", o que sobra para a escola fazer? Arremedo de educação com resultados deploráveis para os jovens e para a sociedade. O individualismo é a expressão máxima do psicologismo.

Por volta de 1970, a sociedade estava encantada com teorias de diversas áreas do saber, que redimensionaram a individualidade do ser humano, aprofundando e valorizando as diferenças pessoais, as idiossincrasias, valorizando a idéia de que o mundo deveria ser um lugar onde as pessoas realizassem suas diferenças, fossem felizes e vivessem de forma mais autêntica.

Aos anseios de liberdade e autodefinição do movimento *hippie* juntaram-se as descobertas epistemológicas[41] de, entre outros, Montessori, Piaget, e a filosofia existencialista de Sartre, sem falar da psicanálise de Freud. Aos poucos, todas essas influências acabaram levando a que muitos

---

[41]Conjunto de conhecimentos que têm por objeto o conhecimento científico, visando a explicar seus condicionamentos (sejam eles técnicos, históricos ou sociais, sejam lógicos, matemáticos, ou lingüísticos), sistematizar suas relações, esclarecer seus vínculos e avaliar seus resultados e aplicações.

pensadores (da área educacional e fora dela) deixassem de ver a escola como o local em que *eminentemente se apren-dia*, para passar a vê-la como o local onde "as crianças deveriam estar alegres e satisfeitas".

Ótimo que isso tenha ocorrido. Nada melhor do que crianças e jovens felizes.

Por mais que seja difícil admitir, essa conceituação não basta para a escola que se pretende democrática e inclusiva. Qualquer grupo de pessoas que se reúne para morar junto, jantar num restaurante ou sair para um fim de semana prolongado pode ter esses objetivos. E, nesses casos, é suficiente. Na escola, porém, não.

O essencial na escola de qualidade é que nela o aluno encontre oportunidade de aprender a conviver, de se tornar cidadão, de exercer e viver a democracia plenamente, porém sem que isso signifique esquecer ou perder de vista a necessidade de prover condições efetivas ao final do processo de inserção social e profissional. Igualdade de oportunidades para todos é a idéia que deve predominar. E uma meta tão elevada e complexa nem sempre pode ser alcançada apenas por meio da alegria, de brincadeiras e, principalmente, sem esforço! Há muito de esforço a ser feito, por professores e pelos alunos também. E, por vezes, através de conflitos, "broncas", sanções e regras claras. Nada disso impede o afeto e o respeito, e a liberdade — ao contrário. No entanto, pressupõe a existência de autoridade e segurança.

Professor e escola de qualidade propiciam, sim, aos alunos ambiente fraterno, carinhoso e amigo, ainda que em alguns momentos possa parecer "não tão amigo", para alguns deles e sua família — especialmente na hora em que se erra e uma sanção é aplicada. O erro e as atitudes inadequadas são partes intrínsecas do processo de aprendizagem — ninguém nasce sabendo regras sociais nem qual a ética vigente. Por isso, erros e atitudes inadequadas. Não são considerados atos marginais e sim etapas inerentes ao processo de aprendizagem. O que ainda *assim não elimina a necessidade de sanções.*

- Os resultados encontrados para as afirmativas 4 e 5 ("bom professor não é aquele que ensina, mas o que leva o aluno a aprender" e "bom professor é aquele que tem conteúdo e sabe transmiti-lo") demonstram que a maioria absoluta dos docentes (87 e 86%) concorda com os modernos conceitos que definem o professor eficiente como aquele que instrumentaliza o aluno, permitindo-lhe dominar o mecanismo do aprender e tornando-o independente para, a qualquer momento, estando ou não no âmbito escolar, continuar a aprender.
- Também predomina entre os professores a idéia de que ninguém pode ensinar se não domina o saber. Daí que a conjugação dos três elementos (conteúdo, comunicação e relações humanas) obteve a concordância de 86%.
- Praticamente todos os professores concordam (95%) com a idéia de que a motivação é o principal fator no que se refere à disciplina em sala de aula (afirmativa 1), enquanto apenas 1% acha que "dar uma prova bem difícil é a melhor forma de disciplinar".

- Não houve, em nenhum dos cruzamentos referentes ao item, diferenças significativas.
- O mesmo se deu em relação ao conceito de escola moderna de qualidade, avalizada pela maioria como "a que ensina conteúdo e valores".
- Os pressupostos que mais dividiram a opinião dos professores (percentuais de concordância e de discordância numericamente mais próximos) foram:
  a) 58% consideram o uso de recursos audiovisuais necessário para *garantir* a aprendizagem, contra 42% que discordam (afirmativa 7);
  b) 56% não acreditam que o trabalho de grupo seja a *melhor forma* de aprender, contra 44% que concordam (afirmativa 8).
- O item que apresentou maior diferença percentual foi o que afirma a importância das inovações pedagógicas (afirmativa 9): 76% concordam que as inovações educacionais trouxeram progresso verdadeiro para os alunos, contra 24% que consideram que raramente houve progresso com tais mudanças.
- O quadro 17 mostra o percentual de correlação verdadeiro/falso de cada um dos 15 pressupostos apresentados:

Quadro 17
Docentes em face de alguns pressupostos

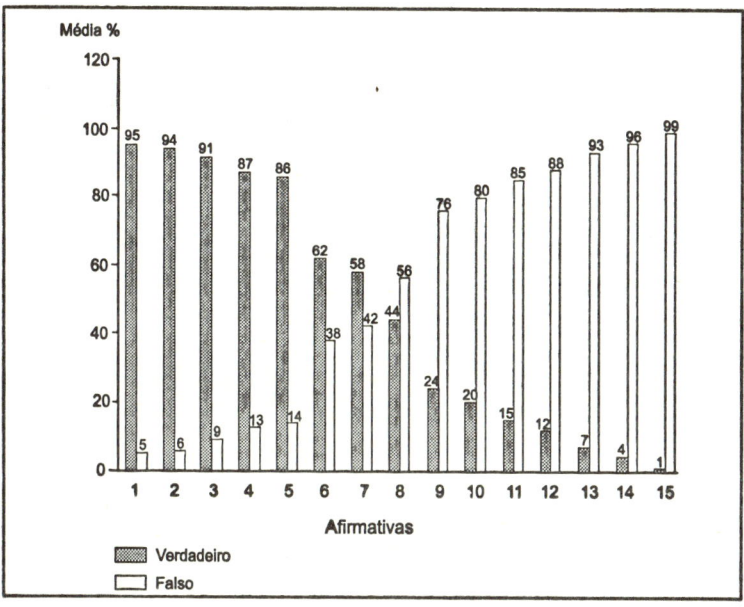

Em relação às modernas teorias de educação, o resultado da pesquisa revelou:

A maioria dos docentes brasileiros, nas últimas décadas, agregou novos pressupostos pedagógicos aos seus conceitos educacionais, mostrando-se abertos à mudança. No entanto, em relação a idéias com as quais não concordam, mantêm uma postura crítica, sendo capazes de expressar de forma clara e franca os seus pontos de vista.

Tema 6 — Hábitos, habilidades e atitudes do professor

A rapidez do avanço das modernas inovações tecnológicas, muitas das quais são utilizadas nas escolas (infelizmente com mais freqüência na rede privada), e considerando que seu uso adequado exige uma série de habilidades e competências, tornou inevitável verificar até que ponto nossos profissionais possuem tais habilidades. Caso contrário, como transformar a sala de aula num local atraente e com discussões motivadoras e atuais, que pretende levar o aluno à independência intelectual e capacitá-lo à crítica e à reflexão? Quem não sabe usar o computador ou quem não lê pelo menos um livro por mês pode trabalhar conectado ao mundo?

O quadro 18 revela dados surpreendentes, especialmente em relação aos mais modernos instrumentos de comunicação da atualidade, como computador e Internet.

Embora verificando tão-somente se o professor "sabe" ou "não sabe" utilizar determinados equipamentos, o percentual positivo superou a expectativa, dada a conhecida situação financeira da classe.

Quadro 18
Hábitos, habilidades e atitudes dos docentes
(% total e por região)

% de respostas afirmativas	Total	Região				
		N	NE	SE	S	CO
Sei utilizar aparelhagem de som para CD	97	96	96	98	99	98
Sei operar um videocassete para projetar um filme gravado	95	86↓	92	96	98	98
No último ano, estive em pelo menos um encontro sobre Educação	92	95	90	92	93	96
Sei confeccionar material impresso	89	84↓	84↓	95⇑	91	84
Sei utilizar o retroprojetor	88	91	85	85↓	94⇑	94
Sei usar um computador utilizando o programa Windows	78	72	73↓	79	84⇑	85
Sei fazer transparência utilizando canetas apropriadas	73	68	61↓	74	88⇑	91
Leio, por ano, pelo menos dois livros sobre Educação	71	81	71	71	64	74
Quando preciso, sei concectar-me à Internet e navegar	70	78	69	66↓	70	86⇑
Sei programar aparelho de videocassete para gravar filmes	66	66	59	67	68	79⇑
Leio, semanalmente, uma revista tipo *Veja*, *Época*, *IstoÉ*, etc.	64	62	67	64	55↓	68
Sou assinante de uma revista de educação	63	52	69⇑	64	62	53
Leio diariamente pelo menos um jornal	52	51	48	55⇑	56	45↓
Sei utilizar um computador acoplado a um sistema multimídia	43	37	37↓	43	49	60⇑
Leio, por mês, pelo menos um livro de literatura	40	42	39	39	39	47
Base	1.172	53	325	541	161	92

Números claros: diferença estatisticamente significativa em relação à amostra total.
Números em negrito: sem diferença significativa em relação à amostra total.

- 70% afirmaram saber usar e navegar na Internet;
- 78% declararam-se familiarizados com o uso do computador (ambiente Windows);
- o retroprojetor, recurso facilmente encontrado nas escolas, obteve 88% de afirmativas;
- 73% afirmaram saber confeccionar transparências manualmente;
- usar aparelhagem de som e videocassete é habilidade de 97 e 95%, respectivamente;
- programar o videocassete para gravar filmes ou programas no videocassete é habilidade dominada apenas por 66%.

Quanto à questão da atualização permanente do professor (que só ocorre mediante leitura habitual de livros, revistas, semanários, jornais etc.) e levando em conta a concepção atual de educação para a cidadania e inclusão profissional e social, a pesquisa confirma ser remota a possibilidade de as equipes docentes encontrarem-se atualizadas culturalmente, de forma que transformem salas de aula em locais de discussão embasada e orientada:

- 52% apenas afirmaram ler *um* jornal, todos os dias;
- 40% lêem 1 livro de literatura por mês;
- 71% afirmaram ler 2 livros de Educação, por ano; e
- 63% afirmam que são assinantes de uma revista de Educação.

O quadro 20 mostra diferenças regionais, não muito expressivas, embora se verifiquem algumas.

- As Regiões Sul, Sudeste e Centro-Oeste concentraram maior incidência de diferenças positivas;
- No Norte e Nordeste encontram-se os mais baixos percentuais em relação ao país, em quase todos os casos.

Em síntese, podemos concluir:

> **Para sanar a curto prazo deficiências culturais e tecnológicas dos docentes, as políticas educacionais precisam providenciar medidas que efetivamente lhes possibilitem adquirir com freqüência e facilidade livros, revistas e assinaturas de revistas e jornais.[42]**

---

[42]A esse respeito vale lembrar que até o "desconto de 10% sobre o preço de capa", que professores tinham em livrarias de todo o país até há alguns anos, foi suprimido em quase todas.

Tema 7 — Conhecimento dos docentes sobre alguns teóricos da área educacional

De uma lista de nove autores, a maioria dos quais teve suas idéias difundidas (e muito aceitas), a partir de meados do século XX, os docentes tiveram que escolher entre três opções ("conheço bem"/"conheço pouco"/"não conheço"), de acordo com o que julgassem ser o nível de conhecimento pessoal sobre os teóricos listados. O resultado encontrado foi o seguinte:

Quadro 19
Conhecimento *espontâneo* sobre alguns
teóricos em Educação

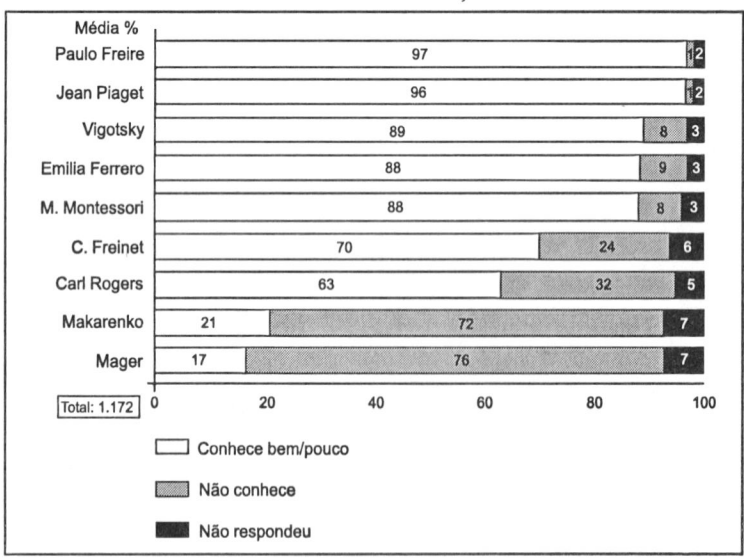

- Com exceção dos dois últimos (Mager e Makarenko), pode-se verificar que o percentual foi extremamente positivo — no mínimo 63% afirmaram "conhecer bem" ou "um pouco" os autores citados (dados computados em conjunto).
- Dos autores menos conhecidos, é possível fazer algumas suposições. Mager, por exemplo, teve influência no Brasil à época da Escola Tecnicista, cujos objetivos estavam intimamente relacionados à produtividade, tendo em vista o desejo de o governo, naquele momento histórico, estar interessado no desenvolvimento tecnológico (A Lei de Diretrizes e Bases de 1971 criou inclusive o 2º grau obrigatoriamente profissionalizante). Hoje, decorridos mais de 25 anos, e sem a sustentação que teve à época, suas teorias foram praticamente deixadas de lado. Aliando a esse fato, o perfil dos nossos entrevistados — dos quais 75% tinham quarenta anos ou menos — parece claro porque Mager se tornou tão pouco familiar aos professores. Já Makarenko, ao contrário, somente há poucos anos seu pensamento começou a ser divulgado no Brasil com mais intensidade; portanto o baixo percentual é compreensível.
- Por outro lado, soa muito coerente o fato de os dois teóricos mais "conhecidos" serem Paulo Freire e Jean Piaget, seguidos de perto por Vigotski, Montessori e Emilia Ferrero. Paulo Freire, mundialmente respeitado, além de brasileiro, evidentemente é familiar até para leigos.

- Quanto a Jean Piaget, suas teorias vêm embasando a Educação no Brasil; seus estudos, pensamento e publicações sobre as etapas do desenvolvimento cognitivo da criança servem, inclusive, de base teórica à estruturação curricular do nosso sistema de ensino. Seria muito estranho um professor não conhecer ao menos as bases de sua teoria.
- Emilia Ferrero é referência no modelo construtivista e tem tido suas idéias e livros amplamente divulgados em nosso país, especialmente quando se trabalham questões ligadas à alfabetização.
- Vigotski fez estudos sobre o desenvolvimento da inteligência e da aprendizagem próximos, em alguns aspectos, aos de Piaget. É um dos nomes mais citados, hoje, pelos especialistas no Brasil, especialmente pela ênfase dada à relação professor-aluno.

Aparentemente tudo está muito bem... O resultado global apresentado no quadro 19 permitiria supor que reuniões pedagógicas, cursos etc., e a orientação do próprio sistema têm dado fundamento técnico bastante apreciável aos professores das escolas. No entanto, outra questão do estudo avaliou de forma mais concreta esse conhecimento que, espontaneamente, os docentes afirmaram ter — ao menos parcialmente. Em outro item do questionário, os entrevistados tinham que relacionar o autor à sua obra mais conhecida ou à característica mais marcante de suas teorias.

As respostas a essa questão (quadro 19) foram, a seguir, "filtradas". Significa dizer que excluímos os professores que afirmaram não conhecer os autores. Os percentuais dos que afirmaram "conhecer bem"/"conhecer pouco" as teorias e autores listados foram comparados (em conjunto) com os que relacionaram corretamente nome/obra/teoria básica. Embora consciente de que há uma grande diferença entre *conhecer* uma teoria e meramente apontar o nome do livro que a contém ou a característica mais marcante de um autor, esse seria o mínimo de conhecimento que quem declara conhecer — ainda que pouco — deveria apresentar.

Os resultados apresentados no quadro 20 revelaram que, na verdade, o conhecimento teórico-pedagógico dos professores é bem menor do que o que encontramos no quadro anterior, quando a resposta foi espontânea. Analisando os dois, podemos concluir que o professor tem menos conhecimento sobre as teorias e autores do que pensa ou gostaria de confessar. Os percentuais a seguir refletem resultados mais consistentes e reais:

Associação correta: idéia × autor
Filtro: Conhece muito/conhece um pouco cada autor

Idéia/Obra	Autor	Respostas Consistentes (%)
Pedagogia do oprimido	Paulo Freire	72
Estágios do desenvolvimento cognitivo/Epistemologia genética	Jean Piaget	68
Estudos sobre o processo de aprendizagem da leitura e da escrita	Emilia Ferrero	65
Precursora da idéia da criança como Personalidade Autônoma	Maria Montessori	57
Ênfase no processo sócio-histórico	Vigotski	48
Não-diretividade	Carl Rogers	24
Poema pedagógico e O livro dos pais	Makarenko	24
Invariantes pedagógicas	C. Freinet	15
Objetivos comportamentais	Mager	15

- 97% (cerca de 1.130 docentes) afirmaram conhecer bem/um pouco Paulo Freire, mas somente 72% mostraram consistência ao relacionar corretamente autor/obra/idéia. De 1.130 que afirmaram conhecer bem ou um pouco, 318 professores não acertaram nem mesmo o título de um dos seus livros mais conhecidos. O mesmo raciocínio se pode fazer em relação aos demais autores.

- Os dados acima foram apresentados em ordem decrescente, para facilitar a verificação, um a um, dos percentuais de conhecimento dos docentes em relação a cada autor.

- Vejamos Maria Montessori, por exemplo. Dos 1.031 (88% do total) docentes que afirmaram conhecer a autora, apenas 624 (57,7%) mostraram consistência ao relacioná-la à idéia de que a criança tem personalidade autônoma, com características peculiares e diversas do adulto. Portanto, considerando a amostra total (1.172 docentes), 677 (58,6%) não conhecem da ilustre médica italiana senão o nome.
- Como analisar os resultados encontrados para Piaget e Ferrero se há anos nos pautamos nos estudos e teorias que desenvolveram? Do total de docentes, 96% e 88% afirmaram "conhecer ou conhecer um pouco", respectivamente, as idéias dos autores citados, porém a consistência foi de apenas 68% no caso de Piaget e de 65% em Emilia Ferrero.
- Não resta dúvida de que o nível de conhecimento sobre teorias pedagógicas dos docentes está muito aquém do mínimo que se pode desejar para melhorar a qualidade técnica do ensino nas nossas escolas.
- Não se trata, porém, de "culpar" os docentes. Ao contrário, o objetivo a que nos propusemos foi revelar o que de fato os professores *estão habilitados a fazer* dentro do nível de conhecimentos técnico-pedagógicos que possuem, comparando com o que se *espera que eles façam*, em função das propostas metodológicas em vigor. A necessidade de qualificação fica evidenciada claramente, bem como a direção em que poderíamos encaminhar propostas de aperfeiçoamento. Também ajuda muito a esclarecer onde se devem buscar razões para o fracasso que temos tido na prática — *espera-se que os professores operacionalizem teorias que a maioria praticamente desconhece ou sobre as quais têm rudimentos teóricos.*

- Como se pode propor e esperar que os professores operacionalizem, com bons resultados, teorias que exigem habilidade e alta qualificação, quando se ignoram *o que* e *o quanto* eles sabem sobre elas (a pesquisa avaliou apenas a formação técnico-pedagógica; mas o mesmo raciocínio deve ser feito em relação ao conteúdo que cada um leciona) — e o estudo demonstrou que sabem muito pouco?

Verbas destinadas ao treinamento e reciclagem dos docentes devem ser utilizadas de acordo com resultados de estudos de campo sobre as necessidades emergenciais dos profissionais.

Reuniões esporádicas, minicursos, simpósios de um ou dois dias, ministrados de forma aleatória, não sistemática ou somente quando se deseja implantar novos métodos ou técnicas, não têm ajudado a melhorar a qualidade nem a resolver problemas básicos que afetam diariamente a atuação docente e o resultado do ensino — e são os que primeiramente devem ser superados. É preciso propiciar a quem atua nas salas de aula e tem comprovadas deficiências (quer sejam de conteúdo ou metodológicas), qualificação didático-pedagógica que abranja prioritariamente deficiências detectadas. Por exemplo, professores, de quaisquer áreas, com desempenho incompatível ou deficiente em Língua Portuguesa, por exemplo, precisam, antes de tudo, de cursos intensivos para sanar essas deficiências, que existem e, evidentemente, impedem a melhoria da qualidade do ensino como um todo.

Tema 8 — Linhas pedagógicas
predominantes nas escolas

Acabamos de constatar que o conhecimento didático-pedagógico docente está defasado, mais até do que supõem os próprios docentes.

É importante relacionar esses dados com o problema da qualidade global do ensino, nunca à inércia, falta de vontade ou de ideal dos professores. Se alguns leitores estiverem nesse momento indagando "de onde ela tirou tal conclusão", apresso-me a lembrar o capítulo sobre *motivação docente*. Nele ficou claramente demonstrado que, mesmo representando aumento de tarefa e versando sobre temas alheios a sua formação, a grande maioria dos professores responde positivamente ao desafio, *mas quer sentir-se apta.*

Em função dessa consciência ("não me sinto apto ou seguro para trabalhar determinados temas e/ou a utilizar métodos para os quais não fui preparado"), procurei investigar em que medida esse desconhecimento das modernas teorias educacionais compromete ou não o trabalho docente.

Cada profissional tem sua preferência em relação à forma ideal de trabalhar. Assim como acredita em certos modelos, é fato também que pode discordar integralmente de outros. Uma coisa, porém, é inegável: para decidir se gosta ou não, se concorda ou discorda, a condição básica é conhecê-los e a seus fundamentos teóricos bem como a sua forma de operacionalização.

Em geral, cada escola tem seu projeto pedagógico. No entanto, tenho verificado, em contato com docentes de várias localidades, que alguns não sabem qual a linha pedagógica do colégio em que trabalham. Alguns afirmam que o colégio não adota nenhuma linha específica, outros ignoram qual seja.

Com base nessa constatação, decidi levantar quais as linhas pedagógicas mais utilizadas nas escolas brasileiras. O quadro 21 resume os dados encontrados.

Quadro 21
Linha pedagógica da escola em que leciona

Linha Pedagógica	%
Construtivista	42
Tradicional	18
Crítica dos conteúdos	15
Ativa/nova	12
Sociointeracionista	3
Linha pedagógica própria	2
Socioconstrutivista	2
Tecnicista	2
A soma do melhor de todas	1
Progressista	1
Não diretiva	1
Não sabe	13
Não respondeu	6
Base 1.172	

- As duas últimas Leis de Diretrizes e Bases adotaram a linha construtivista/piagetiana. Era, portanto, de se esperar que os resultados apontassem — como ocorreu — o maior percentual para esse modelo (42%).
- A seguir, encontramos 18% de docentes cujas escolas utilizam o modelo tradicional.
- 15% adotam a linha crítico-social dos conteúdos.
- 12% segundo os professores utilizam a linha da Escola Ativa.
- Os demais modelos apontados apresentaram percentuais bem baixos e pulverizados.
- 13% dos docentes afirmaram desconhecer qual o modelo pedagógico adotado em suas escolas. Outros 6% deixaram o item em branco, o que provavelmente significa que também o desconhecem. Seria, porém, plausível considerar também a hipótese de essas escolas não terem definido método algum ou "adotado um" apenas para atender à exigências legais, caso em que o método nem sempre é divulgado aos profissionais da unidade.

Mais importante, porém, do que "apenas saber citar qual" o método *professado* pela escola, é verificar se existe coesão em torno desse plano de trabalho, especialmente quando se tem em mente um ensino de qualidade.

As escolas são formadas por *equipes coerentes e coesas* em função de objetivos formulados? Em que medida se trata apenas de um grupo de pessoas que por obra do destino estão agrupadas num mesmo espaço físico, cada uma trabalhando de acordo com seus próprios objetivos, métodos, formas de avaliar? A coesão de uma equipe técnico-pedagógica é requisito importante para que se obtenham resultados efetivos em Educação. Quando direção e equipe técnica defendem idéias ou projetos em que os docentes não acreditam ou aos quais se opõem, em geral os resultados costumam ser bastante negativos. Isso não significa que os diretores e especialistas *têm que fazer* tão-somente o que os professores *desejam e querem* ou vice-versa. Significa ter consciência de que é essencial buscar formas de se conseguir a adesão real de todos — seja através de discussões e estudos ou por outros métodos que cada um julgue mais adequado a sua realidade.

O que não se deve manter é a dicotomia entre planejadores e executores. Há que se buscar a formação de equipes unidas e harmônicas — embora não necessariamente homogêneas em tudo. Equipe harmônica não significa unicidade total, mas é essencial que o docente se sinta ouvido e respeitado. Coesão se consegue quando as decisões pedagógicas finais são fruto de *reflexão, análise crítica e decisões conjuntas, nas quais o professor é parte ativa.*

Em qualquer área, a adesão da equipe aos objetivos da organização é sabidamente fator condicionador de resultados positivos. Por isso, pareceu-me interessante levantar o nível de adesão ao projeto pedagógico das escolas.

O que leva uma pessoa a ser professor? Afinal, é uma profissão com pouco *status*, péssimas condições de trabalho (especialmente na rede pública, mas não apenas); remuneração inqualificável, dificuldades e desafios crescentes, e até riscos físicos.[43] O que, então, mantém cerca de 2 milhões de docentes nas salas de aula? Só pode ser, acredito, a convicção no poder da Educação. Há, com certeza, um percentual que permanece porque não teve outras oportunidades, mas não creio que seja a maioria. Pelo menos, não é o que os dados deste estudo indicam.

O ser humano, quando insatisfeito e sem perspectivas, adota posturas defensivas as mais diversas. Há os que se tornam agressivos, há os que perdem a esperança e há os que resistem fazendo o mínimo possível. Estes últimos adotam, conscientemente ou não, atitudes passivas à primeira vista, mas, no espaço de poder que lhes é específico (a sala de aula), agem de acordo com o nível que lhes permite a sua desilusão.

É óbvio que detectar esse tipo de sentimento é muito difícil. Considerei que a melhor maneira de levantar esse dado razoavelmente conforme à realidade seria por meio de um professor que trabalhasse no mesmo local. Afinal, o contato entre pessoas do mesmo nível hierárquico no trabalho costuma ser mais aberto e franco do que o que temos com ocupantes de funções superiores.

---

[43]MEC, Inep. Informativo nº 91, ano 3, junho de 2005. "Outra queixa dos professores da Educação Básica, segundo dados do Saeb 2003, refere-se às agressões e ameaças por parte de alunos. Cerca de 23% dos docentes de Língua Portuguesa da 3ª série do Ensino Médio disseram já ter sofrido agressões verbais e 5,4%, ameaças por parte dos alunos e 0,7 já sofreu agressões físicas."

Conhecimento da linha pedagógica adotada nas escolas

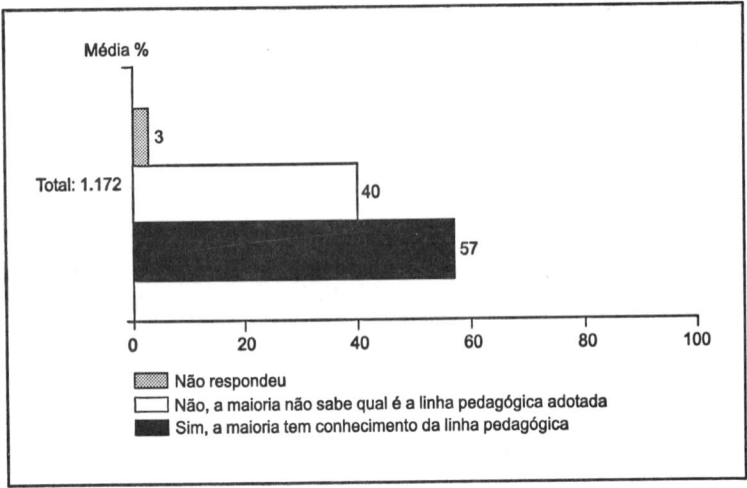

- Na percepção dos entrevistados, 57% dos professores sabem qual é a linha adotada pela escola. De qualquer forma, ainda falta muito para que se possa afirmar que há, em toda a rede de ensino, coesão de objetivos. Afinal, 40% é um percentual muito elevado, especialmente em se tratando do projeto pedagógico da escola.
- O cruzamento dos dados indicou:
  — docentes das séries mais altas e os de cidades do interior têm percentualmente menos conhecimento do projeto pedagógico (51e 47%, respectivamente) do que seus colegas que lecionam nas primeiras séries;
  — o mesmo ocorre com os que trabalham nas capitais dos estados em comparação com os resultados de outras cidades (62 e 60%, respectivamente).

Mais interessante do que saber se os professores *conhecem* a linha pedagógica adotada pela sua escola, é analisar se, tendo esse conhecimento, sua atuação em sala de aula se faz em consonância com ela ou não. São dados que fornecem pistas bastante seguras *sobre adesão e sobre coesão*. Ambos influenciam diretamente a qualidade do produto. O quadro 23 revela os resultados:

Quadro 23
Atuação dos professores × Pressupostos
pedagógicos oficialmente adotados

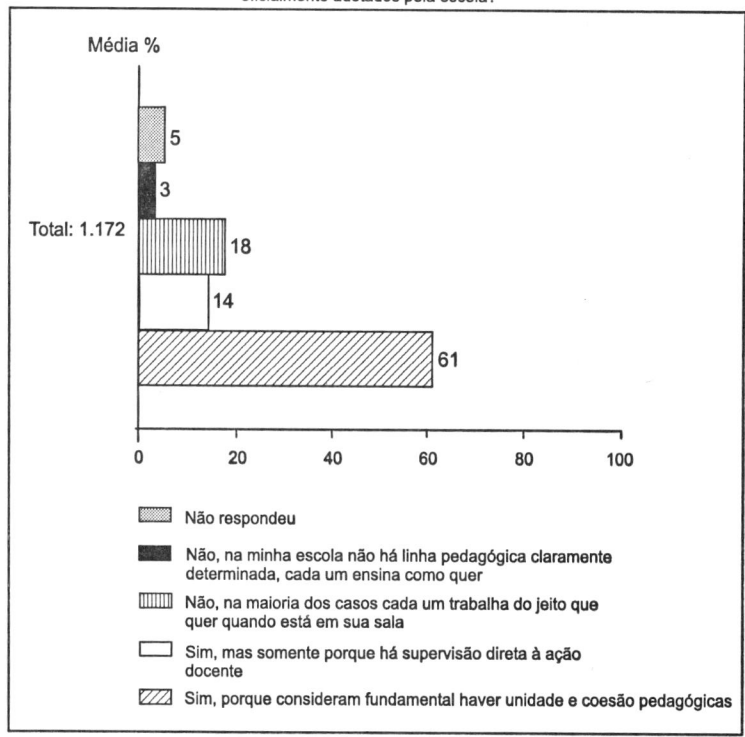

Nas escolas em que trabalha ou trabalhou, os professores, de forma geral, atuam efetivamente, em sala de aula, de acordo com os pressupostos pedagógicos oficialmente adotados pela escola?

Média %

Total: 1.172

5	Não respondeu
3	Não, na minha escola não há linha pedagógica claramente determinada, cada um ensina como quer
18	Não, na maioria dos casos cada um trabalha do jeito que quer quando está em sua sala
14	Sim, mas somente porque há supervisão direta à ação docente
61	Sim, porque consideram fundamental haver unidade e coesão pedagógicas

- Segundo os professores, 61% dos seus colegas atuam de acordo com a pedagogia oficialmente adotada — *porque consideram a unidade fundamental* (o que não significa obrigatoriamente que estejam satisfeitos ou em conformidade com a idéia pedagógica da escola);
- 3% atuam da forma que querem, *porque não há uma filosofia definida*;
- 18% trabalham em suas salas *da forma que desejam*, seja qual for a linha pedagógica da escola, o que remete à falta de coesão na equipe;
- 14% atuam de acordo com os pressupostos oficialmente adotados, somente *porque a supervisão é atuante* — o que significa que talvez discordem, mas se submetem, já que há exigência técnica.

Os resultados apontaram maioria (61%) atuando de acordo com o projeto pedagógico de sua escola. Há que considerar, porém, o fato de que 67% da amostra era composta por professores da rede pública, o que com certeza teve influência nos resultados — a decisão sobre método e currículo é tomada em nível governamental. Ainda que hoje se permita às escolas certa liberdade operacional, a estrutura básica no ensino público é determinada no nível macro. Se considerarmos esse aspecto, podemos afirmar que é bastante alto o percentual dos que não trabalham de acordo com a linha adotada ou o fazem apenas por pressão (32% é praticamente um terço do total).

Uma solução simples, mas de comprovados resultados positivos, seria estabelecer, dentro da própria escola, encontros semanais (incluídos na carga horária contratual — e remunerados, portanto), com o objetivo de estudar e discutir informalmente teorias e modelos pedagógicos, bem como situações e problemas específicos da prática pela troca de experiências, visando à superação de problemas semelhantes. Já existem reuniões demais nas escolas, dirão alguns. Realmente. Mas não como um centro de estudos, um fórum de debates *remunerado*...

Entre médicos nos hospitais, é uma prática corrente. Até na nossa rede pública, tão deficiente financeiramente, um dia por semana costuma ser consagrado a encontros para leitura e discussão de artigos, relato e discussão de casos, apresentação de sínteses de trabalhos apresentados em congressos etc. Por que não fazer o mesmo no magistério? Somente a atualização permanente e a discussão dentro de uma equipe que se conhece, que conhece as dificuldades da sua escola, dos seus alunos, podem ensejar um clima que possibilite que a adesão se instale naturalmente.

> Ao remunerar o professor que estuda e reflete sobre a realidade de sala de aula e sobre novos métodos de ensino, a sociedade estará não apenas revigorando a auto-estima docente, como possibilitando concretamente a atualização permanente, e ainda dando mostras de que valoriza o saber e respeita o profissional da Educação como elemento fundamental para o crescimento de uma nação.

Tema 9 — Planejamento pedagógico

Houve época em que o Ministério da Educação planejava tudo para os professores. Desde o Planejamento Geral (que corresponde mais ou menos ao atual Planejamento Anual, curricular ou educacional), válido para todas as escolas brasileiras, até o famoso "lençol" (era como chamávamos o livreto que recebíamos e continha os conteúdos por série e disciplina — também válido para todo o Brasil).

O "apelido" surgiu devido ao tamanho das folhas: fechado, assemelhava-se a um livro normal, mas cada uma de suas páginas se "desdobrava", crescendo várias e várias vezes. Para utilizá-lo, tínhamos que ir desdobrando essas páginas. Ao final, ficavam tão compridas que passamos a chamá-lo dessa forma espirituosa. Em todo o Brasil, em qualquer estado, município ou cidade, os conteúdos eram, portanto, os mesmos para todos os professores. Restava a eles fazer somente o plano diário (plano de aula).

Esse modelo, porém, com "programas" definidos, foi abolido. Fundamentado na idéia de que cada estado, município ou região geográfica tem suas especificidades, assim como cada pessoa (influência, como já referi, da supervalorização da individualidade, que surgiu a partir dos anos 1970), o MEC optou por manter apenas a necessária homogeneidade à educação nacional, dando mais liberdade à ação pedagógica docente e atendendo às diferenças individuais, culturais e sociais.

Como em tantas outras reformas no Brasil, não houve um trabalho de treinamento prévio suficiente, de forma a permitir uma operacionalização eficiente.

Vamos tentar compreender: anualmente cada professor recebia um programa predefinido e pronto para ser cumprido. Aos docentes cabia apenas transformar os conteúdos em aulas, que atendessem a sua turma. De repente, suspendem o que era usado há muitos anos e enviam um novo, que não estabelecia mais o *conteúdo* a ser dado e sim *os objetivos a serem atingidos*, incluindo hábitos e atitudes (que antes não constavam do planejamento). Uma terceira coluna pretendia exemplificar como atingir cada um dos objetivos. Era a única em que os costumeiros conteúdos — forma com a qual os professores estavam acostumados a trabalhar — apareciam. Não estou afirmando que não se pode ou não se deva mudar. Especialmente se estudos avançam e apontam *comprovadamente* (por experiências práticas e não apenas teoricamente) para melhores resultados educacionais. No caso, buscava-se diversificar os programas para atender a uma clientela extremamente diversa e dar mais liberdade de o profissional trabalhar a seu modo.

Muito positivo — desde que se prepare bem esse profissional habituado a receber pronto um material que demanda conhecimentos técnicos especializados. Se, subitamente, ele tem que fazer por si o que especialistas faziam por ele, *sem treinamento adequado*, só se pode esperar queda de qualidade. Mais uma "reforma" que trouxe pioras e não melhorias ao ensino.

Quanto mais liberdade, mais responsabilidade e mais necessidade de uma formação adequada.

Como as pesquisas mostram, o Brasil começou a decair, em termos de Educação, a partir das décadas de 1970-80. Como esperar, portanto, que esse profissional, cada vez menos habilitado, pudesse sentir-se confortável em tal situação? O que ocorreu? A maioria dos professores passou a utilizar apenas a terceira coluna do novo documento — exatamente porque se parecia muito com os antigos "lençóis" que concretizavam o "que fazer docente". Muitos dirão que isso apenas comprova que os professores não aceitam mudanças... Pode, à primeira vista, parecer algo desse tipo. Mas, na verdade, acredito ter sido antes uma medida de defesa. Se não sabiam como operacionalizar objetivos, mas sabiam trabalhar com conteúdos, então, pareciam pensar os professores, "vamos fazer o que sabemos; é menos prejudicial para o aluno e mais seguro para nós".

Talvez vocês estejam se perguntando como posso afirmar isso. Simples: eu era supervisora de escolas da rede pública do município do Rio de Janeiro à época. Posso dizer, portanto, com base em minha própria experiência, que vi a insegurança crescer não apenas entre os docentes, mas até entre os supervisores dos níveis intermediários e de unidade escolar (na ocasião, cada escola tinha um supervisor escolar, pelo menos!). E não sem razão. A prática demonstrou que os professores não se encontravam preparados para essa mudança. Houve treinamento, mas insuficiente. Daí a solução praticamente geral: os professores se ativeram a trabalhar o que compreendiam e sabiam fazer.

Tipos de planejamento utilizados em sua escola

Dados em %

PLANO DE	Total	Região					Localidade		Segmento	
		N	NE	SE	S	CO	Cap.	Int.	1ª/4ª	5ª/ E. Médio
Aula	60	72 ⇑	68 ⇑	53 ⇓	61	52	61	58	67 ⇑	27 ⇓
Curso	45	56	43	52 ⇑	34 ⇓	22 ⇓	42 ⇓	48 ⇑	45	43
Educacional/ Curricular	40	26	34 ⇓	46 ⇑	45	35	36 ⇓	45 ⇑	40	40
Bimestre	29	26	20 ⇓	37 ⇑	22 ⇓	40	30	28	29	29
Unidade	20	23	27 ⇑	15 ⇓	12 ⇓	31 ⇑	24 ⇑	14 ⇓	20	20
NR	3	4	2	4	3	3	3	3	3	6
Base	1.172	53	325	541	161	92	641	531	614	434

Números claros: diferença estatisticamente significativa em relação à amostra total.
Números em negrito: sem diferença significativa em relação à amostra total.

O quadro 24 revela que, muito embora nas últimas décadas se venha preconizando que cada escola deve elaborar vários tipos de planejamentos, na prática não é o que vem ocorrendo. Para facilitar a compreensão, apresento a seguir uma pequena e muito simplificada conceituação de cada tipo de planejamento:

(1) educacional ou curricular — é o plano geral que envolve a escola como um todo, propiciando coesão e unicidade, de sua elaboração devem participar todas as equipes da instituição;

(2) de curso — permite uma visão global do que se pretende alcançar por série e por turma. Deve-se elaborar um plano de curso para cada turma e/ou área ou componente curricular;

(3) de aula — estabelece o que se pretende alcançar a cada aula, discriminando objetivos, metodologia, recursos auxiliares a serem utilizados, avaliação etc.;

(4) de unidade — utilizado quando se deseja fazer um trabalho mais aprofundado sobre determinado tema ou objetivo, com duração previamente estipulada e atividades especiais, de preferência englobando várias matérias, com trabalho em conjunto. Mais utilizado da 1ª à 4ª série.

Ressaltando alguns dados:[44]

- Menos de metade das escolas (40%) faz planejamento geral.
- O que a maioria utiliza (60%) é mesmo "o conhecido e velho" plano de aula; seguido do Plano de Curso, porque propicia ao professor uma boa visão geral de como dividir o tempo pelo período letivo como um todo.
- Até mesmo o Plano de Aula tem sido negligenciado (apenas 27% planejam as atividades diárias de suas turmas!).
- O Plano de Unidade é utilizado por apenas um quinto das escolas, nas primeiras séries.

[44]Há diferenças significativas de região para região, bem como de capitais para cidades do interior.

O que podemos concluir:

1) Tomando por base o fato de que apenas 40% das escolas elaboram planejamento educacional (é em função da elaboração desse tipo de plano que se discutem as metas mais amplas da instituição, as metodologias, os projetos que serão desenvolvidos de forma integrada, a forma pela qual os alunos serão avaliados), podemos deduzir que, salvo engano, a maioria das escolas ainda não funciona como um sistema, em torno do qual se integra toda a equipe, forma preconizada pelas teorias educacionais modernas.

2) Gestores, direção, equipe técnico-pedagógica e corpo docente talvez considerem desnecessário, inútil ou impossível utilizar tantos tipos de planos e, portanto, utilizam seu espaço de poder decisório fazendo o que acreditam ser "o possível" ou o que "funciona melhor" — é questão a ser investigada junto às escolas, caso se deseje de fato a participação ativa dos que estão nas "linhas de frente".

3) Os professores não têm tempo (dadas as condições extenuantes de trabalho e a carga horária) de fazer tantos tipos de planos (hipótese bem plausível, por sinal), o que também explicaria a incidência maior do uso de Planos de Aula, elaborados por cada professor para a sua turma, e isoladamente. Na maior parte das vezes, ao contrário do que preconiza a didática, o mesmo Plano de Aula é usado para todas as turmas da mesma série, ignorando-se, portanto, a base desse tipo de planejamento — que deve ser feito de acordo com o andamento e as peculiaridades de cada turma.

4) É importante repensar a utilização de tantos tipos de planos. A realidade, sem dúvida, denota forte rejeição a vários deles (o de unidade, por exemplo).

5) Seria recomendável um estudo que investigasse a relação de produtividade entre docentes que utilizam e os que não utilizam planejamentos específicos para cada uma de suas turmas.

6) Também se poderia investigar se há diferença significativa no rendimento dos alunos quando o professor usa o mesmo plano para todas as turmas ou, como seria metodologicamente adequado, um Plano de Aula para cada turma, adaptado às necessidades de cada uma.

7) Enfim, todos os estudos sugeridos permitiriam verificar até que ponto tantos e tão variados tipos de planos são de fato necessários e se influem no melhor desempenho docente e discente. E, finalmente, se a "intuição" ou a experiência prática das escolas — que praticamente aboliram alguns deles — têm ou não razão de ser, contra toda a teoria que preconiza o uso de cada um deles com finalidades específicas.

É preciso que tenhamos outros enfoques sobre os "porquês" do fracasso da Educação no Brasil.

Os docentes estão nos enviando mensagens (nem tão cifradas) quando não efetivam na prática algumas determinações de níveis superiores. Refiro-me ao enorme número de professores que, em diversos pontos do país, adotam posturas reativas semelhantes — sem que tenham combinado nada e sem ao menos saber que outros fazem o mesmo que eles. O estudo mostra com clareza esse pensamento.

Por outro lado, gosto de voltar às vezes (só às vezes) ao passado e questionar algumas coisas.

Por exemplo: antes o professor utilizava apenas o Plano Geral que o MEC enviava e o Plano de Aula, e a escola alcançava muito bem seus objetivos — quem acabava o antigo primário, podem crer, sabia ler de verdade. Hoje, as novas teorias preconizam tantos outros tipos de planejamento (muitos dos quais até são utilizados por parte dos colégios, como se viu), mas a qualidade está cada dia pior; não seria interessante nos perguntarmos quem é que está de fato correto?

Os elevados percentuais que encontramos em muitos dos itens analisados nos leva obrigatoriamente a pensar que, ou representam uma linha de pensamento, — ou resultam da impossibilidade de realização prática.

Quadro 25
Freqüência com que planeja as aulas

Dados em %

Utiliza Plano de Aula?	Total	Plano de aula é adotado na escola?	
		Sim	Não
Sempre	92	97 ⇧	85 ⬇
Às vezes	6	3 ⬇	11 ⇧
Raramente	1	0	1
Nunca	0	0	0
Não respondeu	1	0	3
Base	**1.172**	**589**	**583**

- O percentual de escolas que adotam oficialmente o modelo é de 60% em média (quadro 24). No entanto, é o tipo de planejamento que a grande maioria dos professores utiliza (92%).

- Ao cruzar os dados — professores que utilizam o Plano de Aula por livre e espontânea vontade (item de resposta espontânea) e o percentual de escolas que o adotam —, chega-se a um percentual de 97% de utilização. Quase 100%, portanto, usam porque acham útil e importante — e não apenas porque lhes é exigido.

- Esse dado concretiza a teoria de que a adesão é muito maior quando a escola adota algo que os professores de fato acreditam ser útil e viável, seja um tipo de plano, um método ou uma técnica. Não *um* professor apenas, é claro, mas a *maioria* deles.

Ao que tudo indica, a "realidade do possível" do dia-a-dia de escolas e docentes contraria as propostas teóricas das autoridades educacionais. Talvez os professores venham tentando dizer da forma que podem que, ainda que os objetivos que norteiem algumas medidas sejam ideais, ainda que haja de fato desejo sincero de acertar, é preciso: 1) que as inovações pedagógicas, metodológicas, de planejamento e avaliação sejam, antes de mais nada, exeqüíveis — caso contrário, a realidade as adapta ou anula; ou 2) se as mudanças não são compatíveis com a realidade, é preciso mudar essa realidade antes de implantá-las, se não se deseja, a seguir, assistir a mais fracasso.

Tema 10 — Técnicas de ensino e recursos audiovisuais mais utilizados

Técnicas de ensino

Até meados do século XX as escolas, do ponto de vista de métodos e técnicas de ensino, trabalhavam quase homogeneamente. Fruto da busca do "método único", que norteou durante bastante tempo a pedagogia, se baseava em um princípio muito simples: "o professor ensina, os alunos aprendem". A relação era simples e cada um tinha o seu papel bem definido. Depois de ensinar, o professor verificava, mensalmente, por meio de provas escritas e, em alguns casos, orais, se os alunos tinham aprendido. Os que demonstrassem que sim, eram promovidos; os demais, reprovados. Havia uma segunda chance para os que não tivessem bom resultado — a "segunda época", uma nova oportunidade de fazer a "prova final".

Os pais (os que podiam, é claro), principal "socorro pedagógico" da época, é que providenciavam aulas com professores particulares para sanar deficiências ou dificuldades dos filhos, apontadas pelo "boletim escolar". Caso fossem bem-sucedidos na "segunda época", eram promovidos; se não, permaneciam na série.

As etapas que os professores percorriam durante o ensino eram praticamente as mesmas, em qualquer disciplina ou série. Primeiramente dava-se a "matéria nova"; o segundo passo era a fixação, por meio de exercícios em sala e em casa; o terceiro momento era o da verificação da aprendizagem. Ao final, reiniciava-se o ciclo: matéria nova, fixação, verificação.

A busca pelo método único, um ideal pedagógico que consumira décadas, não só terminou como passou a ser considerado inadequado didaticamente.

Atualmente, é importante utilizar variadas técnicas, de acordo com as necessidades e características da clientela, da própria matéria e de cada aluno. Foi uma guinada e tanto! Do ensino centrado no professor passou-se ao ensino centrado no aluno.

Em outras palavras, antes eram os docentes que determinavam "a maneira de ensinar" (qual o ritmo adequado, o momento de avaliar, o quanto exercitar e fixar os conceitos) de acordo com sua percepção, experiência e também de acordo com a própria personalidade.

No novo enfoque, são as características do aluno que determinam as experiências e atividades desenvolvidas em sala. Entra em cena a idéia do "homem como indivíduo único", além das teorias estudadas e dissecadas por psicólogos, médicos e pedagogos que se tornaram mundialmente conhecidos e respeitados, como Maria Montessori, John Dewey, Jean Piaget, Vigotski, Decroly, Makarenko, Paulo Freire, Anísio Teixeira.

A pedagogia do século XX incorporou e modificou radicalmente a forma de ensinar (método). Foram mudanças enormes, que afetaram inclusive a organização física da sala de aula. As carteiras dos alunos, até então fixadas ao assoalho, foram substituídas por mesas e cadeiras soltas, mais leves e móveis, para favorecer adaptações em função das variadas atividades que deveriam passar a fazer parte do dia-a-dia das salas de aula, como a pesquisa e o trabalho em grupo, e outras visando a favorecer a interação e a participação dos alunos.

Da aula que se resumia à exposição oral e um resumo (ditado pelo professor ou escrito no quadro-de-giz), com eventuais inserções de mapas e globos terrestres e raras "demonstrações" (em geral na área de Ciências Biológicas, Química e Física), chega-se à concepção do aluno como protagonista da aprendizagem: é a Escola Ativa, na qual o aluno ganhou liberdade — de falar, de perguntar, de tirar suas dúvidas, de trabalhar junto aos colegas. A escola ficou mais movimentada, mais alegre e menos rígida.

Estudos e pesquisas na área do comportamento (Psicologia Social, Psicologia da Aprendizagem etc.) também contribuíram com novas idéias, demonstrando, por exemplo, que os exercícios de fixação utilizados pela escola tradicional, sempre preparados e resolvidos pelo aluno individualmente, deveriam ser enriquecidos por práticas de trabalho em grupo, que, a partir de então, foram crescentemente valorizadas.

O aluno que faz aprende mais e melhor do que o que apenas ouve; o aluno que troca experiências cresce e enriquece, aprende a ouvir, a respeitar o outro. A diversidade de idéias e o debate são incentivados. Em conseqüência, trabalhos de grupo e pesquisas passaram a ser indicados, e seu uso rapidamente teve aumento vertiginoso.

Essas são apenas algumas das muitas idéias que foram surgindo aqui, apresentadas de forma sucinta e breve, e que influenciaram a metodologia e as técnicas de ensino.

É claro que grande parte inicialmente chegou às escolas mais como teoria do que como prática. De início, sentia-se certo "clima" apenas... Trocavam-se idéias nas salas de professores, ouviam-se comentários como "parece que tabuada não vai mais ser usada..." ou "me disseram que as cartilhas vão ser substituídas por livros feitos nas escolas...". Coisas assim. Aos poucos, essas idéias conquistaram mais e mais adeptos e foram sendo colocadas em prática.

Muitos erros ocorreram e continuam a ocorrer devido à compreensão equivocada e à informação superficial das novas metodologias, bem como das novas técnicas, que rapidamente se distanciaram dos propósitos dos autores (lembro o capítulo em que tratamos do nível de conhecimento teórico dos docentes). E, assim, mais uma variável associou-se às anteriormente citadas, que contribuíram para a queda da qualidade — *o uso inadequado das modernas técnicas de ensino.*

No caso da alfabetização, por exemplo: os professores sempre utilizaram cartilhas. Com a adoção das bases construtivistas na educação brasileira, muita gente "jogou fora" as cartilhas... A Teoria Construtivista, entre outros conceitos, trouxe a idéia de que o aluno deve aprender através de passos que ele próprio vai "construindo" em função das experiências de aprendizagem. Resumidamente, significa que o conhecimento não deve ser apresentado "pronto" à criança. Deve-se estimulá-la a "descobrir" aos poucos, e por si, especialmente através de atividades sugeridas pelo professor. Muito bem. Antes, ao alfabetizar, o professor ensinava primeiro as letras, as sílabas, depois a palavra e as frases (variava, dependendo de o método ser silábico, fônico, global, natural). Não importa!

Quando não se treina bem um profissional e se implanta um método novo, de execução muito mais complexa, é preciso ter cuidado, muito cuidado... Porque, senão, em vez de melhorar o que estava indo razoavelmente bem, estraga-se tudo de vez!

Voltando à idéia de "construção do saber", o que ocorreu nesse contexto? Cartilha — uma "coisa" que já vem pronta, imagine só que antiquado! — começou a ser vista com desconfiança e criticamente. Daí que muitos docentes, cheios de boas intenções, e às vezes até sob a orientação de supervisores pedagógicos entusiasmados, resolviam não usar mais cartilhas "prontas". Elas seriam feitas paulatinamente, na própria escola, em consonância com o que os alunos trouxessem de sua realidade imediata, da casa, da comunidade. Do ponto de vista teórico, perfeito!

Só não previram (por falta de treinamento e experimentação prévia) que para que isso funcionasse — *e melhorasse a qualidade do ensino* — seria preciso ter verba disponível, tempo extra e muitas horas a mais de trabalho. Sim porque é necessário, a cada dia, criar uma página da cartilha "construída", rascunhar, depois escrever, imprimir (se a escola tiver computador e impressora — ótimo! Caso contrário, acredite, mimeógrafo! Xerox já é luxo absurdo!). E o que é que a maioria das escolas tinha? Falta de recursos financeiros ou de material na quantidade necessária... E os docentes? Falta de tempo!

Então, abandonou-se a cartilha, num impulso de criatividade e entusiasmo com o novo método e... o resultado foi que, em muitas escolas, o que se chamou de "cartilha" ficou impensavelmente inferior à antiga, impressa, colorida — embora pronta! A nova era feita "em casa", "construída", sim, mas de qualidade deplorável, sem atrativos para os alunos, às vezes sem nitidez etc. etc. etc.! Sem contar os casos em que, na última hora, não pôde ser impressa porque não havia material, o papel acabara, o mimeógrafo enguiçara (em ação de protesto, por excesso de uso). Estou relatando uma experiência que eu própria testemunhei quando era supervisora distrital. Sem dúvida, a intenção foi excelente! Mas os resultados!!! Nem preciso dizer...

Tem gente no ensino brasileiro jogando fora o feijão-com-arroz, porque acha caviar muito mais gostoso. Mas não tem dinheiro ainda para comprar o caviar que quer comer e já desperdiçou a comida que tinha! Resultado? Fome, emagrecimento, desnutrição!

Esse é apenas um exemplo do que vem acontecendo no Brasil que quer qualidade na Educação...

Analisando agora as técnicas de ensino. Segundo uma das classificações mais simples, elas formam três grupos:

- Técnicas de ensino individualizado (cada aluno trabalha por si);
- Técnicas de ensino socializado (alunos trabalham divididos em grupos) e
- Técnicas de ensino socioindividualizadas (durante parte do tempo os estudantes trabalham em grupo e em outra, individualmente).

Para que atinja seus propósitos, é preciso que o professor tenha conhecimentos que lhe permita escolher as mais adequadas para cada conteúdo ou objetivo que vá desenvolver. Não se escolhe a técnica de ensino como quem escolhe uma camisa ou um sapato. Há indicações adequadas. Lembro que ouvi, certa vez, um colega dizendo que passara um trabalho de grupo para seus alunos sobre... a partícula "se" e suas variadas possibilidades sintáticas! Nada mais inadequado! Em decorrência da formação didática deficiente, na prática esses propósitos não vêm sendo atingidos.

Por exemplo, no caso do Ensino Socializado: o objetivo é promover a discussão, a reflexão, o hábito de ouvir opiniões divergentes e argumentar. Além disso, ensinar a conviver com diferentes pontos de vista, por vezes antagônicos ou inconciliáveis, mas que precisam ser respeitados. E outro, fundamental, seria propiciar o aprofundamento do saber.

O Ensino Socializado, em si, é extremamente válido, mas o que ocorreu, em parte devido às severas críticas dirigidas a partir de então à exposição oral, foi que muitos professores praticamente deixaram de "dar aulas", tornando-se — quando muito — "organizadores" de propostas de discussões em grupo. Com a força que o "trabalho de grupo" ganhou em pouco tempo, devido ao uso excessivo e mal orientado, muitos alunos começaram a ficar tão saturados que, hoje, mal podem "ouvir" falar em "trabalho de grupo".

Como isso pôde acontecer?

Simples: professores com muitas turmas e muitos alunos simplesmente não conseguem usar o trabalho de grupo como deveriam.

Primeiro, porque não conseguem dar o *feedback* necessário aos alunos.

Segundo, porque todo trabalho de grupo que envolve pesquisa (refiro-me àqueles que os alunos fazem fora da sala de aula e trazem depois para entregar ao professor) só tem real valor quando o aluno recebe, não só orientação do professor *antes* (em termos de objetivos, bibliografia, itens a serem abordados etc.), *durante* (o mais importante momento é o de acompanhamento — os alunos pesquisam, esboçam o trabalho que pretendem fazer, trazem os textos que pesquisaram e resumiram e discutem com o professor) e, especialmente, *depois* (dando orientação até para que o trabalho seja aprofundado, discutido e refeito quando necessário.

Essa orientação, bem como o planejamento prévio e a orientação do trabalho, exige obrigatoriamente *pelo menos uma* leitura atenta por parte do professor, que assim poderá fazer anotações, observações e correções que permitam aos alunos compreender em que falharam. Dar um conceito ou nota apenas em nada contribui para o real crescimento dos alunos — em nenhum dos aspectos que a técnica pretende alcançar. No entanto, nas circunstâncias em que trabalha o docente brasileiro, torna-se impossível ler e avaliar verdadeiramente o trabalho feito. É prática bem comum, portanto, que os conceitos sejam conferidos de forma superficial (e, por isso, muitas vezes injusta). Há casos em que os trabalhos nem ao menos são lidos.

Se à pesquisa segue-se "o seminário" (nome dado à apresentação oral do trabalho para o resto da turma), aí mesmo é que o aprofundamento se torna nulo. Com um agravante: cada grupo acaba "estudando" apenas uma unidade do programa e "ouvindo" outros grupos "apresentarem" as demais. Em resumo, uma técnica que visa ao aprofundamento acaba produzindo exatamente o oposto — superficialismo e burla...

Quem, no entanto, utiliza adequada e didaticamente o trabalho de grupo, sem dúvida, enriquece e alcança uma dinamicidade perfeita em sala de aula. Mas isso só ocorre quando os professores têm condições de trabalho e tempo para tal.

O tema se tornou até motivo de chacota (e irritação também) entre os alunos. Mas o processo continua em pleno vigor.

Hoje os alunos dominam (de cor e salteado) a "dinâmica", que é mais ou menos a seguinte:

I — Primeiro dia de aula:

1) o professor se apresenta;
2) em seguida, apresenta o "programa" do curso, previamente dividido em unidades de ensino;
3) próxima etapa — a turma é dividida em tantos grupos quantas são as unidades do programa;
4) cada grupo fica encarregado de *uma* unidade, que será apresentada em dia predefinido aos demais colegas (uma espécie de aula, seminário ou, muitas vezes, apenas a exposição oral "velha de guerra", só que feita pelos alunos — agora "ativos" — perante um professor agora sonolento e passivo), após o que recebem um conceito ou nota.

II — Após a primeira aula, o grupo (que muitas vezes se mantém durante anos, contrariando um dos pressupostos da técnica, que busca a interação em variadas e diferentes associações) se reúne:

1) dividem entre si a unidade (que de unidade daí em diante não terá mais nada) — cada um fica encarregado de uma parte; cada um só lê/estuda/pesquisa/copia (!) a *sua* parte; só *sabe (mal)* a sua parte. Já há até um acordo tácito: os grupos que assistem concordam com tudo que lhes é apresentado no dia do "seminário" sob pena de, caso contrário, serem também argüidos ou questionados pelos demais grupos no dia da apresentação "deles";

2) em geral, os alunos dividem as tarefas de acordo com as habilidades (ou da falta delas) de cada um — e não em função do interesse que o conteúdo provocou. Um faz a capa; o segundo procura o(s) livro(s) na biblioteca e copia, resume ou, cada vez mais freqüentemente agora, "baixa" diretamente da Internet, o que julga necessário para satisfazer o professor;[45] um outro faz cópias para todos; outro ainda compõe a parte audiovisual da apresentação (junta os pedaços que cada um achou na Internet e que, eficientemente, já lhe enviaram por *e-mail*, aos quais dá formato homogêneo e *hi-tech* — mesma letra, tamanho, margens) — e entrega ao coordenador/ apresentador — em geral o melhor ou mais apto a falar em público —, que por essa "carga" maior de responsabilidade fica isento de qualquer outra atividade.

---

[45] Há inclusive "classificações" valiosas sobre cada "tipo de professor", repassadas, entre os alunos, ano a ano: fulano gosta de capa bonita; beltrano faz questão de muita foto; o de Geografia só "dá nota boa" quando o trabalho tem muitas páginas etc.

3) o grupo apresenta o trabalho feito, sob o olhar atento (hipnotizado?) dos colegas. O professor anota algumas coisas e, ao final, faz alguns poucos comentários — às vezes, nem isso.

III — O professor divulga as notas/conceitos. Às vezes, entrega os trabalhos, outras não. O aluno nunca mais vê ou tem notícias do mesmo. Aliás, quem liga?

Há casos em que o professor "leva" o trabalho do grupo para avaliar em casa. São inúmeros os relatos de trabalhos nunca devolvidos, de notas ou conceitos jamais justificados; ou de trabalhos entregues com uma nota sete (por exemplo) e nenhum comentário, nenhuma justificativa sobre, de que falhas ocorreram, enfim... Como dizem os alunos: "foi nota dada pela cara do freguês..."[46]

Quer dizer, a mudança (adoção de variadas técnicas visando a aprofundar e motivar os alunos) ocorreu em alguns casos para melhor — mas, em muitos outros, para pior.

De qualquer modo, existem alguns pontos básicos que podem ser adotados visando à superação da *má práxis*, já que não supõem ou implicam mudanças físicas nem estruturais, apenas conhecimento técnico:

---

[46]Uma colega contou-me que, depois de anos, encontrou no chão, atrás de uma estante da biblioteca, um trabalho de pesquisa que havia feito no Ensino Médio da escola em que atualmente trabalhava, e pelo qual tinha obtido um conceito excelente, mas que nunca lhe havia sido devolvido. Sem uma anotação, uma correção ou um elogio... Além do que ela escrevera na época, apenas... traças!

- as aulas não devem ser todas elas expositivas, nem apenas de trabalhos de grupo;
- caso se utilize a exposição oral, deve-se fazê-lo de forma menos formal, permitindo a participação imediata dos alunos através de perguntas, comentários e esclarecimento de dúvidas (exposição oral dialogada);
- o aluno deve participar ativamente de sua aprendizagem;
- o professor deve variar a metodologia para propiciar mais oportunidades de aprendizagem (cada pessoa tem uma forma que lhe é mais propícia para compreender e apreender conceitos);
- deve-se, o quanto possível, trazer para as aulas questionamentos ou desafios que instiguem e levem o aluno a refletir sobre o tema a ser aprendido, de forma que a aprendizagem não ocorra mecanicamente;
- quanto mais se utilizarem exemplos concretos e associações com a realidade social, melhor, porque incrementam a motivação e o interesse do aluno;
- os temas abordados devem possibilitar enfoques amplos que envolvam todo o sistema e oportunizem ao aluno uma visão de mundo inter-relacionada e em constante interação.

Levando em conta o que acabei de descrever e considerando que as inovações pedagógicas em Educação costumam levar cerca de cinqüenta anos até chegarem às salas de aula, vejamos quais as técnicas mais utilizadas hoje pelos professores:

Quadro 26
Que técnicas mais utiliza em suas aulas?

Técnica	%
Trabalho de grupo	49
Exposição oral	43
Trabalho individual	14
Não respondeu	3
Base 1.172	

O quadro 26 indica modificação acentuada na prática pedagógica em relação aos anos 1960. As técnicas mais utilizadas atualmente são as de ensino socializado (trabalhos feitos em grupo).

Nossos professores já não utilizam apenas a exposição oral, hoje apelidada depreciativamente de "aula de *cuspe-e-giz*", embora o percentual dos que utilizam esta técnica se aproxime bastante do que lança mão preferencialmente do ensino socializado. Chamo a atenção para o fato de que, didaticamente, a prática não constitui "pecado" (como hoje supõem algumas pessoas), desde que utilizada alternadamente com outros recursos.

Os trabalhos individuais são usados como opção primeira por apenas 14% dos docentes. Em 1960, era praticamente só o que se usava, além da exposição oral.

Resta saber *de que forma* o trabalho é desenvolvido em cada uma dessas opções docentes — o mais importante na verdade...

Ao que o estudo indica, os especialistas em Educação estão efetivamente fazendo chegar suas mensagens didáticas aos docentes. No entanto, a qualidade e o desempenho dos alunos continuam caindo.

O que podemos concluir, então?

No início do capítulo, tentei deixar patente a forma pela qual a "melhor das técnicas" ou o "melhor método" podem ser desvirtuados, anulando-se, por mal conduzidos, todo o benefício que poderiam trazer aos alunos. Utilizados de forma equivocada ou distorcida (em condições desfavoráveis de treinamento docente e com infra-estrutura inadequada, por exemplo), qualquer técnica ou método pode ser um fracasso, conduzindo à queda da qualidade do ensino, à desmotivação e até ao embuste.

Por outro lado, um método hoje considerado "antigo" (excluindo os coercitivos que utilizavam castigos físicos e/ou humilhantes) ou outro mais moderno podem, ambos, produzir excelentes resultados, se utilizados por docentes criativos, experientes e seguros do seu uso, dos objetivos a serem alcançados e dos esforços que estão dispostos a despender nessa tarefa.

Em resumo:

Pode-se mudar o método e as técnicas de ensino por outras mais modernas, sem que isso melhore a qualidade do ensino, porque não é o método que faz um bom professor; é o professor que faz qualquer método tornar-se efetivo. O que não anula nem desmente a necessidade (apenas reforça) de jogarmos todas as nossas "cartas" na recuperação da qualidade docente.

Recursos audiovisuais

O uso de recursos audiovisuais como instrumento auxiliar do ensino, além de possibilitar maior aprendizagem quando se trabalham temas abstratos, comprovadamente aumenta o interesse e a motivação do aluno.

Na sociedade do século XXI, a tecnologia invadiu e cativou crianças e jovens em suas próprias casas, mesmo nas classes menos favorecidas economicamente, em que TV e joguinhos eletrônicos já são uma realidade. Seria de se esperar que a escola a utilizasse em larga escala, nem que fosse para o aluno sentir que a escola é uma instituição sincronizada com o seu tempo.

No quadro 27 o leitor poderá verificar quais recursos são os mais utilizados, a partir de uma relação apresentada aos entrevistados.

Freqüência dos recursos utilizados em sala de aula além do quadro-de-giz (em %)

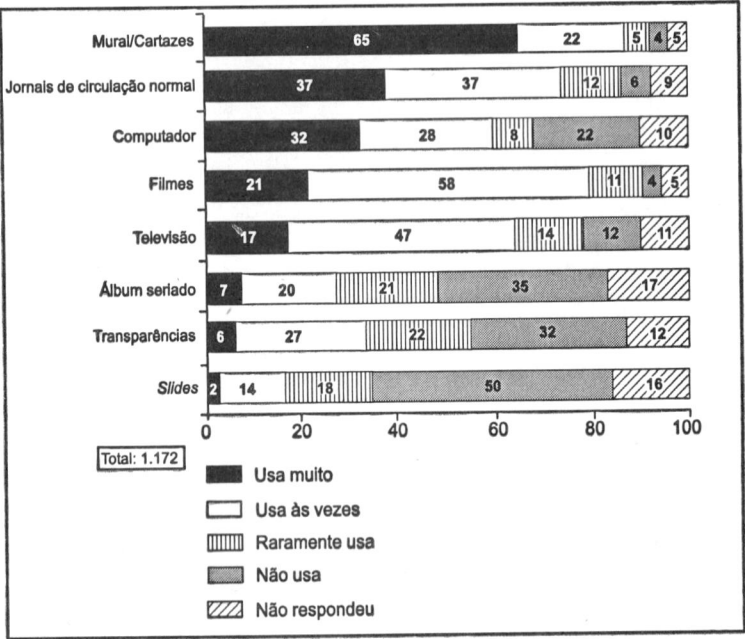

- Alguns dos recursos tradicionalmente utilizados, como *slides*, álbuns seriados e transparências, parecem estar sendo substituídos por outros mais modernos e dinâmicos como jornais de circulação nacional, computadores e filmes. Estes últimos, ao que parece, vêm se tornando referência no dia-a-dia da sala de aula moderna.

- O recurso mais utilizado, no entanto, é bem antigo ("murais e cartazes"), e essa opção (65%) deve ter relação com seu baixo custo — o que era de se esperar, dada a situação das escolas brasileiras. Pode também estar relacionado ao fato de que os próprios alunos podem confeccioná-los com facilidade, o que estaria de acordo com o princípio básico da Escola Ativa.

- Surpreende o uso de computadores (32% afirmaram usar muito e 28%, às vezes) e filmes em sala de aula (21% disseram usar muito; 58%, às vezes).
- Também a televisão (17% usam muito; 47% às vezes) tem sido bastante utilizada.

Quadro 28
Percentual de uso de recursos auxiliares em sala
Escola pública × particular

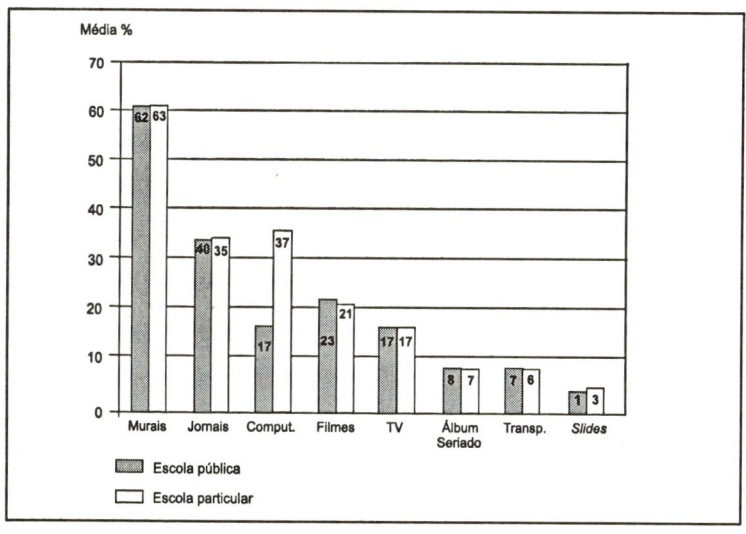

- Murais e cartazes são os recursos mais utilizados tanto na escola pública quanto na privada. Não houve diferença estatisticamente significativa quando comparadas as duas modalides.

- O uso de filmes e jornais de circulação nacional, um pouco maior na escola pública, provavelmente se deve a iniciativas sociais de grandes empresas privadas. Em todo o Brasil temos hoje escolas que recebem regularmente revistas e jornais. Algumas dessas empresas dão, inclusive, orientação ao professor para que seu uso seja adequado às necessidades de sala de aula.

Para desconforto dos que vivem propalando que professores são resistentes a inovações metodológicas, técnicas ou estruturais, os dados acima revelam o contrário. Tendo a seu dispor os recursos e dominando as técnicas e metodologias, os docentes os utilizam, porque sabem que, aumentando o interesse do aluno, conseqüentemente aumentam também a motivação e a aprendizagem. E, com isso, diminuem os casos de indisciplina (especialmente aqueles originados pela monotonia das aulas ou pela inatividade do aluno).

Quando recursos modernos, atraentes e adequados do ponto de vista pedagógico são disponibilizados nas escolas, o professor utiliza, e muito. Ele, mais do que ninguém, tem consciência de que, quanto mais variada e plena de recursos é a aula, maior o interesse dos alunos e, conseqüentemente, maior a aprendizagem e menor a indisciplina.

Portanto, vale investir não somente na capacitação metodológica e de conteúdo docente, mas também no equipamento e na infra-estrutura escolar.

Tema 11 — Avaliação da aprendizagem

Avaliação ontem

Quando a avaliação era feita apenas através de provas, o professor não se sentia inseguro. Porque elaborar questões baseadas apenas no conteúdo desenvolvido em sala de aula é evidentemente mais fácil do que avaliar aspectos tão complexos que vão desde a formação de hábitos e atitudes, passando pelo desenvolvimento de competências cognitivas, afetivas e sociais.

É o que se espera seja feito pelos professores hoje.

Não se trata de discutir que tipo de avaliação deve ou não ser feita, qual a melhor ou a mais moderna. Trata-se, sim, de verificar quais são as reais condições de trabalho dos professores e, daí, repensar o que pode resultar da aplicação de medidas que não possam efetivamente ser realizadas com qualidade.

A questão é: o ensino vem melhorando desde que se adotou a avaliação qualitativa? Os alunos mostram maior domínio das habilidades necessárias à sobrevivência no século XXI? Parece-me que as pesquisas nacionais e internacionais mais recentes já nos responderam. A decisão fica entre:

1) Continuar a "tentar" avaliar qualitativamente, saben-do que o professor nem ao menos conhece o rostinho de cada um de seus alunos, além de sabermos tam-bém que, nas atuais condições em que trabalha, ele não tem *mesmo* tempo de fazê-lo adequadamente (o que já resultou, e ainda continuará resultando, em queda de qualidade)?

2) Voltar a usar apenas a avaliação que mede conhe-cimentos e competências cognitivas, porque isso o professor pode ao menos fazer de forma mais bem-feita? Ou

3) Mudar a realidade das salas de aula, a infra-estrutu-ra das escolas, prover treinamento adequado para os professores e, aí sim, continuar, ou melhor, *começar a fazer verdadeiramente avaliação qualitativa?*

Há cerca de três décadas, a prova era considerada *"o"* instrumento de avaliação. Era prova escrita, prova oral, pro-va e mais nada. Hoje, se preconiza uma avaliação mais ampla. Afirma-se que as provas não avaliam nada, *só* "me-dem" conhecimento, o que poderia induzir a injustiças com o aluno.

"Prova não mede nada": mais uma meia-verdade. Por-que, entre uma prova muito bem elaborada do ponto de vista didático (que pode avaliar altos níveis de competên-cia e saber, dependendo da forma como é elaborada) e a avaliação qualitativa como tem sido (mal) feita, a prova pode ser um instrumento mais justo, especialmente por-que mais viável — ao menos enquanto não mudam as con-dições atuais de trabalho do professor.

Uma prova bem elaborada é um ótimo instrumento de avaliação, se se seguirem todas as suas etapas didáticas: 1) elaboração adequada e abrangente; 2) resultados analisados de forma a detectar unidades não suficientemente trabalhadas e que necessitam, portanto, de mais aulas ou do uso de outras técnicas de ensino; 3) utilização dos resultados da análise das provas para elaborar estratégias de recuperação e melhorar deficiências de aprendizagem reveladas.

Se utilizada dessa forma, uma prova muitas vezes é um instrumento de avaliação mais preciso do que uma avaliação qualitativa em que se utilizam trabalhos de grupo (feitos e corrigidos da forma descrita no capítulo sobre técnicas e ensino), eventualmente provas e fichas de observação (em que o professor lança conceitos médios para todos, porque não pode na verdade observar o desempenho individual). Porque feita dessa forma, a avaliação qualitativa, na verdade, de qualitativa tem apenas o nome. Mas já falamos sobre isso em capítulo anterior.

A questão que me parece essencial, *na situação atual das escolas brasileiras*, é encarar a realidade que temos e escolher, entre as duas alternativas acima, a que menor prejuízo traz à qualidade do ensino. O que não se pode continuar a fazer em encontros, congressos, seminários e cursos é discursar sobre a forma ideal de avaliar, ignorando a realidade — enquanto o professor fica ouvindo e pensando:

Que lindo! Ah, que maravilha, se eu pudesse fazer assim!!! Mas não dá, e eles não sabem, por isso insistem; que pena! Como eu continuo com trezentos alunos, correndo feito louco de um lado para o outro, então vou ter que continuar fazendo do jeito que dá...

O que significa que alguns vão continuar a fazer um arremedo de avaliação qualitativa, enquanto outros continuarão dando suas provas, por vezes mal elaboradas — é o que sabem e o que conseguem fazer.

Quem continua tentando fazer avaliação qualitativa nas condições atuais acaba numa farsa, em que "pede" um ou dois trabalhos de grupo à turma, o que, junto com o "conceito individual" atribuído a cada aluno (com critérios que por vezes não ficam claros para ninguém), termina levando à promoção alunos que não atingiram objetivos mínimos da série (excluída a progressão continuada).

Se isso não piora a cada dia que passa os resultados educacionais, então não sei mais nada de Educação...

E, assim, ouve-se agora — assombrada a sociedade — a notícia de que os alunos do Ensino Médio no Brasil estão apresentando graves deficiências de formação e um nível de aprendizagem compatível com o esperado numa 5ª ou 6ª séries. A mesma constatação está sendo feita a partir dos resultados do Exame Nacional de Cursos aplicado pelo MEC nos últimos três anos, a estudantes que completam cursos de graduação em universidades públicas e particulares.

Sobretudo quando se discutem formas de incrementar a qualidade do ensino e, mais especificamente, quando consideramos as reais necessidades dos alunos na moderna sociedade, fica muito claro que, obrigatoriamente, o aluno ao concluir a obrigatoriedade escolar, antes de tudo — e a despeito do método de ensino ou de avaliação que se utilize — precisa:

1. Ler compreensiva e analiticamente (condição básica para ser livre e responsável pelas suas decisões intelectuais, políticas e ideológicas);
2. Compreender os fatos sociais e o mundo em que está inserido (para poder tomar decisões calcadas em sua própria análise e não ser usado como objeto consumidor ou como eleitor facilmente iludível, por exemplo);
3. Estar instrumentalizado para competir no mercado de trabalho, dominando o arsenal mínimo necessário a sua inserção produtiva na sociedade.

Alguém já disse que "o ótimo é inimigo do bom". Infelizmente, muitos são os que, ao se "apaixonarem" por uma idéia, esquecem o mais importante: para mudar é preciso antes criar as condições infra-estruturais para que a mudança de fato possa ocorrer. Caso contrário, continuaremos a mudar, mudar, mudar... Mas só na aparência e na nomenclatura. Ou, mais grave ainda, *mudaremos sempre para pior em termos de qualidade final.*

Quando jogamos fora um modelo e instalamos outro, mais moderno, sem analisar se de fato há condição de execução real, continuamos incorrendo em falhas que só nos levam a retroceder, a perder o bonde da história — ao contrário do que se deseja.

As mudanças conceituais sobre a melhor forma de avaliar o desempenho tomam por base uma série de estudos que começaram a influenciar a Educação no Brasil por volta das décadas de 1960-1970 e que influenciaram educadores em todo o mundo.

Para compreender tais conceitos — em especial os relacionados à avaliação —, não é certamente necessário refazer toda a história da Educação e da Pedagogia, o que, aliás, seria rematada pretensão, além de desnecessário, pois temos à disposição excelentes compêndios, assinados por autores bastante capazes e especializados no tema.

No entanto, vale a pena expor, sucintamente, as principais mudanças implantadas para os leitores não afeitos ao tema terem uma idéia mais clara.

Até mais ou menos a década de 1970, no Brasil, os alunos eram avaliados de forma muito uniforme:

1. Havia um programa único para todo o país, vindo do MEC, e cada professor era responsável apenas pelos conteúdos da matéria que lecionava (não se falava em interdisciplinaridade nem em integração curricular à época).

2. Anualmente o MEC enviava, a todas as escolas brasileiras da rede oficial e oficializada, provas únicas, que todos os professores aplicavam e corrigiam segundo uma tabela, também enviada pelo MEC.

3. As provas de redação eram corrigidas seguindo uma outra tabela que considerava não somente a parte gramatical como também as idéias expressas pelo aluno.

4. As notas variavam de 0 a 100 (primeiras séries ou o antigo primário) e de 0 a 10 (para ginásio e científico).

5. Apenas os que tivessem 50% de acertos ou mais eram aprovados; os que não conseguissem iam para a "segunda época".

6. A segunda época era uma nova oportunidade que os alunos tinham de refazer estudos, rever a aprendizagem e

a avaliação. Durava um mês (geralmente em janeiro) e, ao final, os alunos faziam nova prova.

7. Quem não obtivesse o estipulado para aprovação depois dessa segunda chance ficava automaticamente reprovado.

8. O aluno podia ficar em segunda época até no máximo em três matérias; mais do que isso era reprovado, sem direito à segunda época.

9. Havia também prova oral, além da escrita, com "ponto" (tema) sorteado na hora, sobre o qual o aluno deveria discorrer, "explicitando tudo o que sabia sobre" ou abordando aspectos que o professor determinasse.

Avaliação hoje

A seguir, explicito, em linhas muito gerais, o que se preconiza atualmente como avaliação moderna.

1. Comecemos pelo termo *avaliar* — que ganhou nova e mais complexa dimensão — fazendo nítida distinção entre "medir conhecimentos" e "avaliar desempenho". "Medir" (o que/quanto o aluno aprendeu) passou a designar uma forma insuficiente e negativa de verificar a aprendizagem, e em geral se relaciona, na prática, ao uso de provas e testes apenas. O segundo termo é utilizado quando se deseja fazer menção à maneira desejável de se verificar se os objetivos do ensino e da aprendizagem foram alcançados. Inclui variados instru-

mentos, como provas, testes, trabalhos individuais e de grupo, observação através de fichas e auto-avaliação.

2. Os "programas oficiais" foram substituídos por "sugestões de conteúdos curriculares mínimos", depois pelos denominados "parâmetros curriculares nacionais". Essas mudanças têm um cunho evidentemente mais abstrato e, portanto, são habilidades menos observáveis em termos operacionais.

3. As "notas", até então utilizadas, foram substituídas por conceitos (que assumiram nomenclaturas variadas ao longo dos anos, como vimos).

4. Avaliar, na nova concepção, inclui, além de resultados do desempenho mensurável (escrever corretamente, fazer cálculos, resolver problemas etc.), outras aprendizagens até mais importantes, como a aquisição de competências nas áreas cognitiva, afetiva, psicomotora e social, aspectos qualitativos que, segundo a própria LDB, devem preponderar sobre os quantitativos. Isso tem significado na prática, que um aluno com rendimento abaixo do mínimo exigido na parte de conteúdo propriamente dito (em geral em torno de 50%), mas que é educado, polido, esforçado e atento, que é excelente em música ou esportes, pode ser promovido à série seguinte, mesmo que demonstre deficiências em leitura ou cálculos.

5. Também se tornou fundamental, ao avaliar, considerar os progressos *do aluno em relação a si pró-*

prio, não em relação ao grupo, conceito calcado na Psicologia, que condena a "competição" entre os alunos. A classificação do rendimento dos alunos, a "premiação" dos melhores com medalhas ou com "estrelas" coladas em cadernos, as relações nominais hierarquizadas em murais, todas foram descartadas e consideradas nocivas, estressantes e prejudiciais do ponto de vista emocional; ainda segundo essa teoria, tais práticas desestimulam os alunos com desempenho mais baixo e podem afetar sua auto-estima.

Não vou entrar na discussão do mérito, validade, concordância ou correção das teorias que sustentam os itens acima. São, porém, pressupostos que vigoram oficialmente. Achei importante, portanto, relembrar o que os professores faziam e o que tiveram que passar a fazer, em termos de avaliação, para que o leitor possa compreender e analisar os resultados que serão apresentados.

Como os docentes avaliam atualmente

Os resultados encontrados para a pergunta "como avalia seus alunos" (que tipo de instrumentos usa) estão no quadro 29:

Instrumentos mais utilizados na avaliação dos alunos

Dados %

INSTRUMENTO	Total	Região			Segmento	
		N	SE	CO	1ª/4ª	5ª em diante
Provas	2	0	2	0	1↓	6 ⇧
Provas e testes	1	0	1	1	1	3
Provas, testes e trabalhos individuais	2	5	3	1	2↓	5 ⇧
Provas, testes, trab. ind. e de grupo	22	9↓	25⇧	17	19↓	36⇧
Trabalho ind. e/ou de gupo e fichas de observação	16	21	14	37 ⇧	18⇧	5↓
Somente trabalhos ind. e/ou de grupo	2	2	2	3	2	2
Provas, testes, trabalhos ind. trabalhos de grupo e fichas de observação	52	62 ⇧	50↓	39	55⇧	41↓
Não respondeu	2	1	2	1	2	2
Base	1.172	53	541	92	614	434

Números claros: diferença estatisticamente significativa em relação à amostra total.
Números em negrito: sem diferença significativa em relação à amostra total.

- O leitor perceberá que as opções apresentadas ao entrevistado iam desde a forma mais tradicional de avaliar (só usando provas) até a mais completa (sétima opção).
- A maioria (52%) afirmou avaliar da forma mais completa. Em seguida vêm os docentes que utilizam provas, testes, trabalhos individuais e de grupo (22%). Fórmula praticamente igual à anterior, excluindo

apenas as fichas de observação. Próximo do ideal (opção apontada pela maioria)!

- Total dos 2 itens mais utilizados: 74%!
- Comparando os dados em função da região geográfica, encontramos na Região Norte o mais alto percentual dos que afirmaram utilizar a mais completa forma de avaliação (62%). A Região Sudeste ficou com o menor índice (50%).
- Até mesmo quem trabalha com muitos alunos, várias turmas em cada escola e até em mais de uma escola (maioria do professorado brasileiro) — caso dos docentes a partir da 5ª série — avaliam seus alunos propiciando-lhes múltiplas oportunidades e variados instrumentos (41%).
- Apenas 2% do total utilizam apenas provas.
- Outro dado interessante: apenas 2% avaliam utilizando somente trabalhos (individuais ou de grupo).

Pausa curta para pequeno comentário histórico:
É bom esclarecer que, quando a Escola Não-Diretiva, de Carl Rogers, se tornou conhecida no Brasil — e aqui fez ardorosos defensores —, era o que se preconizava: abolir as provas. Ainda hoje temos os que defendem a idéia. Provas e notas tornaram-se, portanto, à época, até malvistas. Quem as utilizava acabava tachado de antiquado ou tradicionalista. A década de 1980 foi pródiga em seguidores rogerianos radicais. No Ensino Superior, não era nada difícil ao professor que persistia em "dar prova" deparar-se com alunos revoltados, prontos a fazerem "abaixo-assinados" criticando severamente uma prática tão antiga... Houve um período em que praticamente só se podia avaliar através de traba-

lhos e auto-avaliação. Foi um momento de radicalismo, ao qual nem todos aderiram, mas que evidentemente também trouxe sua parcela de contribuição à queda da qualidade do ensino (só se avaliava usando auto-avaliação e trabalhos de grupo, dentro das condições anteriormente descritas).

> A teoria que estimula a utilização de instrumentos e formatos variados no processo de verificação da aprendizagem foi assimilada e vem sendo utilizada pela maioria dos docentes e instituições de ensino, sem qualquer evidência de melhoria na qualidade dos resultados do ensino, pelo contrário.

Conceitos ou notas

Como já foi mencionado, as duas últimas Leis de Diretrizes e Bases enfatizaram o uso de conceitos na avaliação, em substituição às notas.

O estudo revelou (quadro 30) que, ao contrário do que se poderia esperar e supor, a maioria das escolas continua a utilizar notas (78% do total), índice que aumenta de forma ainda mais significativa ao compararmos o percentual utilizado no 1º segmento do Ensino Fundamental (74%) e nas demais séries, a partir da 5ª (94%).

Quadro 30
Resultado da avaliação em sua escola é expresso por meio de:

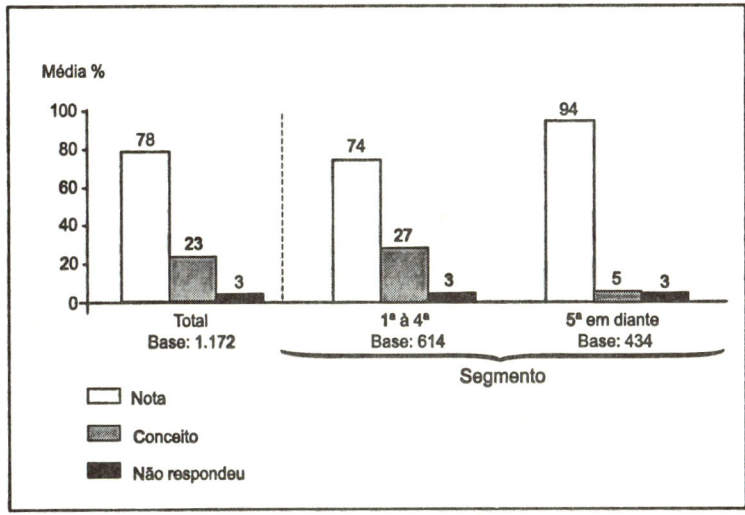

- Apesar do tanto que os especialistas ressaltam a superioridade do uso de conceitos em vez de notas, a prática demonstra que a adesão a essa idéia não ocorreu. A maioria das escolas utiliza notas na avaliação (ou voltou a utilizar?), como se pode verificar acima, inclusive nas primeiras séries do Ensino Fundamental.
- É fácil constatar que o percentual de escolas que utiliza conceitos é muito baixo.
- Mais interessante, porém, é verificar que muitos dos que "utilizam" o conceito o fazem através de uma prática bastante comum e muito difundida: quem não sabe ou não concorda em "dar" conceito, avalia como sabe ou como pode, dá a nota e depois, por meio de uma tabela com faixas que estipulam a relação entre

notas e cada conceito (exemplo: **A** = alunos que têm notas entre 90 e 100), transforma essa nota em conceito, ou seja, faz uma espécie de conversão (quadro 31).

Quadro 31
Conversão de nota para conceito

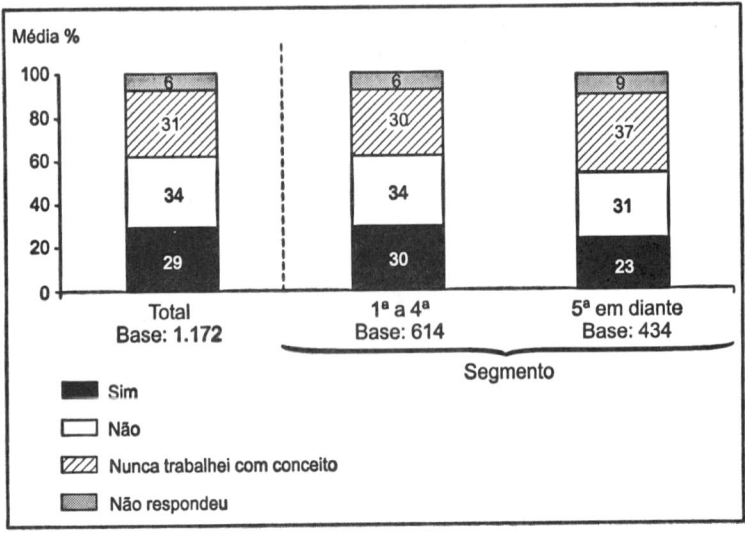

- É importante, também, refletir sobre o que conduziu a esse tipo de atitude. Seria uma postura antiética do professor, uma tentativa de "enganar" seus superiores ou o sistema? Sinceramente não creio. Baseada na minha experiência em escolas, como supervisora de distrito educacional, acredito que os professores o fazem porque: 1°) não se sentem seguros para dar conceito (não tiveram treinamento, nem escolha) e 2°) tentam dessa maneira preservar a integridade de sua consciência e diminuir os riscos de cometer injustiças com seus alunos.

- Dos entrevistados 31% nunca trabalharam com conceito; 29% fazem uso de tabelas de conversão ("conceituam" seus alunos, portanto, de forma inadequada, ao menos do ponto de vista técnico (total de 60%). Isso sem considerar os que não responderam ao item na pesquisa (6 e 9% de 5ª série em diante, muito alto em relação à maioria das outras questões).

Quadro 32
Avaliação qualitativa
(% que realiza)

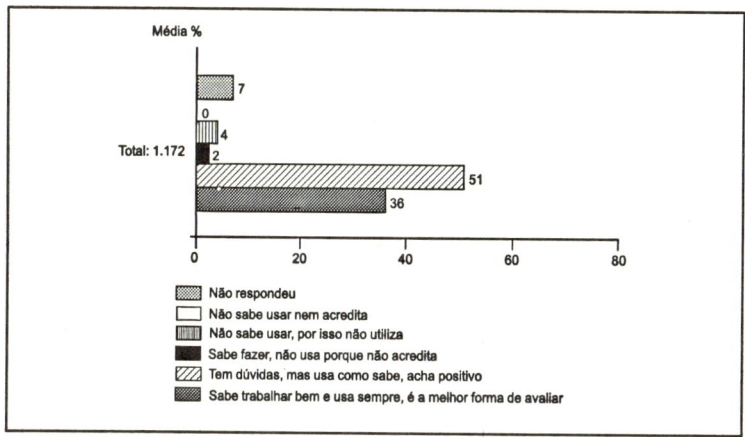

Média %

Total: 1.172

7		
0		
4		
2		
51		
36		

0   20   40   60   80

▦ Não respondeu
☐ Não sabe usar nem acredita
▥ Não sabe usar, por isso não utiliza
■ Sabe fazer, não usa porque não acredita
▨ Tem dúvidas, mas usa como sabe, acha positivo
▩ Sabe trabalhar bem e usa sempre, é a melhor forma de avaliar

- E, finalmente, no quadro 32, o mais importante dado sobre o tema: apenas 36% dos docentes declararam que sabem trabalhar bem com a avaliação qualitativa, utilizam-na sempre e a consideram a melhor forma de avaliar. Outros impressionantes 51% afirmaram que usam "do jeito que sabem, porque acham positivo".

- Fica comprovada, mais uma vez, que a imposição de métodos e técnicas de ensino e a falta de treinamento suficiente e profundo, assim como a precipitação na adoção de medidas sem o cuidado técnico de que elas carecem, só podem conduzir a reações como as que o estudo revelou, assim como à conseqüente continuada e inexorável queda na qualidade do processo e do produto. Qualquer iniciativa de mudança que não conte com a adesão e o treinamento prévio de quem vai executá-la correrá sempre um enorme risco de fracasso.
- Há, por parte dos professores, vontade de mudar, de trabalhar bem. No entanto, precisam da contrapartida do Estado, dos gestores e do apoio da sociedade.
- Afinal, embora heróis anônimos, como os chamo, e reféns da situação absurda do ensino de hoje, *milagres eles ainda não fazem!*

Nova pausa para mais uma reflexão:
Se já se considerava incompleta e ineficiente conceituar levando em conta apenas o que o aluno demonstra que aprendeu em uma prova, o que dizer da avaliação que se propõe considerar aspectos muito mais complexos, e que só podem ser efetivamente avaliados através da observação direta ou de atividades que as revelem?

Será que a situação do professor mudou e nós não fomos avisados? Será que as turmas agora estão com 25 alunos, a partir da 5ª série? Será que os docentes passaram a ganhar tão bem que só trabalham em um colégio? Ou ele continua sem tempo para preparar didaticamente até uma simples prova de resposta curta?

Para que a avaliação seja justa, além de obedecer aos critérios técnicos em si, é preciso que:

- *sejam dadas oportunidades qualitativa e quantitativamente iguais a todos os alunos;*
- *todos sejam observados em todos os aspectos do seu desenvolvimento e em igual número de oportunidades;*
- *que a avaliação ocorra durante todo o desenrolar do processo (quanto mais vezes melhor, porque assim o aluno terá de fato oportunidades de demonstrar tudo o que aprendeu);*
- *uma habilidade que está sendo avaliada deve ser reavaliada em diferentes dias/momentos durante o processo, de forma a permitir que o aluno não tenha seu desempenho considerado pelo que foi expresso num "mau momento"[47] (para eliminar o que tanto se critica na forma tradicional de avaliação) que, portanto, também não pode ter toda a "responsabilidade" pelo conceito final.*

Esses são alguns tópicos indispensáveis para operacionalizar a teoria moderna de avaliação com qualidade.

Consideremos o professor que já citamos em outros exemplos, aquele que tem uns trezentos alunos, lembra? Pergunto agora: será que ele pode mesmo identificar o crescimento individual, como se pretende hoje? Pensando nisso apenas, nesse simples fato e em nenhum outro (e seriam muitos os que poderíamos elencar), seria absurdo considerar que, enquanto for essa a realidade, o aluno não seria mais bem avaliado se fizes-

---

[47] Outra crítica contra a forma tradicional de avaliar se baseia na tese de que na prova o aluno pode não ter se saído bem por estar com problemas em casa, por exemplo, ou com algum mal-estar físico momentâneo ou outro problema qualquer. O que só seria superado se ele tivesse outras oportunidades.

se duas ou três provas, desde que muito bem elaboradas e de acordo com as modernas técnicas didáticas?

Será mesmo possível acreditar que, sem ao menos saber o nome de cada um de seus alunos, um professor pode ser justo ao avaliar as competências, habilidades e atitudes desenvolvidas individualmente, e que só se exibem através, por exemplo, de comportamentos exteriorizados em situações específicas?

Sinceramente, não posso crer que a avaliação que o professor consegue fazer nas atuais circunstâncias seja superior àquela que duas ou três provas bem construídas didaticamente permite em termos de igualdade de oportunidades e de correção de desvios. Se o profissional é consciente dessa limitação, que fatalmente o obrigará a "imaginar conceitos" para alguns alunos sobre os quais não teve oportunidade ou tempo de verificar desempenhos, o que pode fazer? "O mal menor", pensa. Dá um conceito médio, para ao menos não ser tão injusto. E se um outro professor for menos consciencioso? Poderá, por exemplo, por uma única atitude negativa, talvez a única que determinado aluno externou, considerar que uma habilidade afetiva ou social não foi atingida. E aí? O conceito emitido vai ser desfavorável... E se, depois disso, ele não tiver mais nenhuma oportunidade de observar esse mesmo aluno, já que tem tantos?

E, assim, a qualidade do ensino tem que continuar a decair. E a indisciplina e o desinteresse também...

Esses argumentos parecem-me mais do que suficientes para que qualquer pessoa compreenda por que hoje a avaliação se tornou um problema tão sério para o professor.

Acredito que poucos professores, hoje, tenham vigor, segurança e coragem para, em público, levantar-se num congresso de Educação, por exemplo, e claramente afirmar: "eu acho que a avaliação como era feita antes era melhor"; ou "ao dar uma prova ao meu aluno, sei que não estou fazendo toda *a justiça em relação aos seus saberes, mas estou sendo* honesto e justo *em relação ao que* pude de fato verificar *sobre o percentual de erros e acertos que ele apresentou naquele momento específico". A pressão é grande demais para que os "executores sintam-se com coragem para, de público, expor o que, esse estudo, que os protege e oportuniza falar, permitiu...*

Recuperação paralela

Para que avaliar?

Principalmente para detectar dificuldades a tempo de saná-las. E para evitar que um problema não superado impeça a progressão do aluno a aprendizagens posteriores. Daí a importância que se dá, até na legislação, a essas atividades (deveriam ser rotina nas escolas), por constituírem molas mestras de prevenção à retenção, e defesa eficaz em favor da progressão do processo de aquisição de saberes e competências.

A seguir, vejamos como se encontra a situação dos alunos que apresentam dificuldades de aprendizagem no dia-a-dia das escolas (quadro 33):

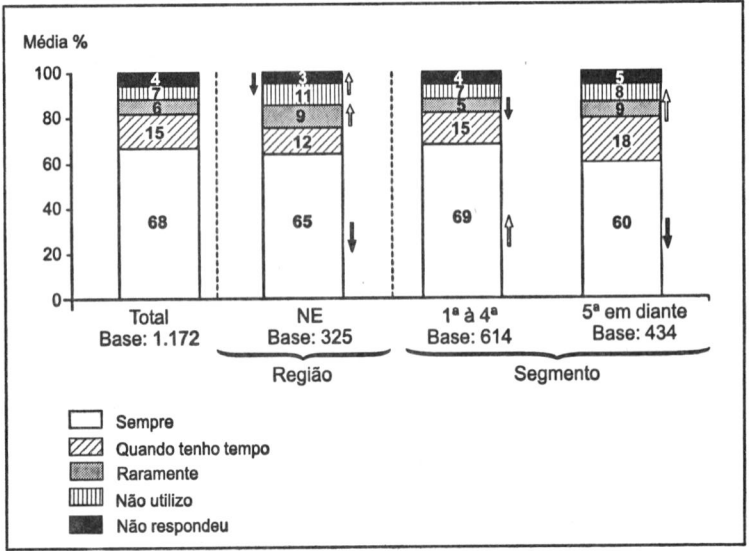

Quadro 33
Utilização da recuperação paralela no trabalho diário

- Dos entrevistados, 68% afirmaram utilizar "sempre" a recuperação paralela.

- Já 15% usam quando têm tempo (reflexo da realidade das salas de aula). Esse é um dado que permite uma série de interpretações diversas. "Quando têm tempo" pode significar, para determinado docente, fazer uma revisão uma vez por mês, o que é pouquíssimo para alunos com dificuldades sérias, como também pode significar dez minutos diários ou ainda 15 minutos trimestralmente, para outros.

- O dado-chave, porém, é que *13% dos alunos continuam sem nenhuma chance de superar dificuldades*, a não ser que a família o faça (6% dos professores usam raramente; 7% não usam).

- 4% dos docentes não responderam. Se somarmos 13% com os 15% a que fazem quando podem, teremos um percentual de 28%; com esses que não responderam, 32%. (Já sei, já sei! Não responder não significa não fazer. Certíssimo. Mas pode significar.) Ou será que não responderam porque não sabem o que é recuperação paralela? Acho muito difícil. Ainda assim, deixando de lado esses 4%, ainda ficaríamos com os 28%, quase 1/3 do total de alunos!
- É bom lembrar que, mesmo com a recuperação paralela sendo feita por 68% dos docentes, ainda assim, há um nível de retenção considerado muito alto no Brasil. O que demonstra que a qualidade, os métodos ou o tempo despendido na recuperação diária de alunos podem estar aquém do que necessitam para superar seus problemas. E esse é um aspecto realmente relevante.
- Que também pode indicar, ao menos, duas possibilidades (que, caso comprovadas, exigiriam, ambas, ação pedagógica reparatória *urgente*):

  1) o professor não tem condições de usar o recurso, por algum motivo que merece ser investigado dentro da realidade das escolas;
  2) o professor ainda não compreendeu que, enquanto a maioria dos alunos não tiver aprendido um conceito, uma competência ou habilidade que se esteja desenvolvendo, de nada adianta

"correr com a matéria, para ter tempo de dar tudo que foi planejado" — uma distorção conceitual técnico-didática que precisaria ser sanada com rapidez, para diminuir prejuízos a curto prazo.

- No cruzamento dos dados gerais com os específicos, foram detectados:
    - na Região Nordeste utiliza-se menos a recuperação paralela do que no Brasil como um todo;
    - professores de 5ª série em diante, até o fim do Ensino Médio, também usam o recurso significativamente menos que os das séries iniciais do Ensino Fundamental;
    - nos demais cruzamentos (rede pública x privada, escolas das capitais x outras cidades) não foram encontradas diferenças significativas.

- Seria pertinente investigar se há relação estatisticamente significativa entre o percentual anual de alunos retidos e o de alunos que não têm recuperação paralela. Esse estudo teria que, no entanto, excluir alunos que estão sob o regime da Progressão Continuada.

- Se nos dados encontrados estiverem incluídos alunos que não recebem recuperação paralela, mas estão no Sistema de Ciclos (rede pública, as primeiras séries, em quase todo o país), aí a questão é outra — e bem grave. Não houve possibilidade, no meu estudo, de fazer esse cruzamento, mas fica a sugestão. Tratar-se-ia de discutir os próprios fundamentos do Sistema de Ciclos. Se os docentes e os alunos, tendo em vista a Progressão Continuada, deixam de possibilitar aos alunos a superação das dificuldades do dia-a-dia, estaríamos diante de uma profunda distorção dos objetivos do sistema implantado. Um assunto a ser pesquisado — de interesse nacional.

A *auto-avaliação*

Nas modernas concepções pedagógicas, a auto-avaliação encontrou um espaço considerável, como mais um dos instrumentos de que o professor pode lançar mão na busca de uma forma mais justa de verificar o crescimento dos alunos. Os alunos são ouvidos em relação ao seu próprio desempenho, bem como à visão que têm sobre sua postura diante dos estudos e da escola em geral. É uma idéia que tem apoio de parte dos docentes e restrições de outros. O estudo propiciou uma excelente oportunidade de verificar de que modo o professor se posiciona a respeito:

- Cerca de 2/3 dos professores afirmaram utilizar a auto-avaliação (74%).
- 23% não utilizam.
- Os dados confirmam a predisposição positiva dos entrevistados no sentido de adotarem novas propostas: os que usam ou usaram é 3 vezes maior do que os que nunca utilizaram (74% x 23%).

Quadro 34
Utilização de auto-avaliação com alunos

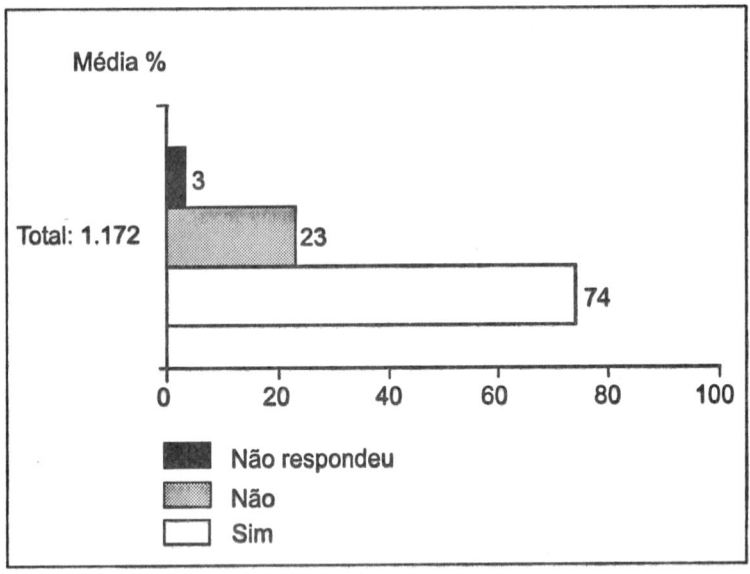

Embora os dados absolutos pareçam francamente positivos à primeira vista, o quadro 35 revela outro enfoque, mais aprofundado, considerando, nessa abordagem, apenas dados referentes aos docentes que já usaram ou usam o instrumento em suas salas de aula.

A opinião dos docentes sobre o uso da auto-avaliação foi levantada num *continuum* com quatro opções (aprovação, duas possibilidades de aprovação com restrição e abandono do uso após utilização).

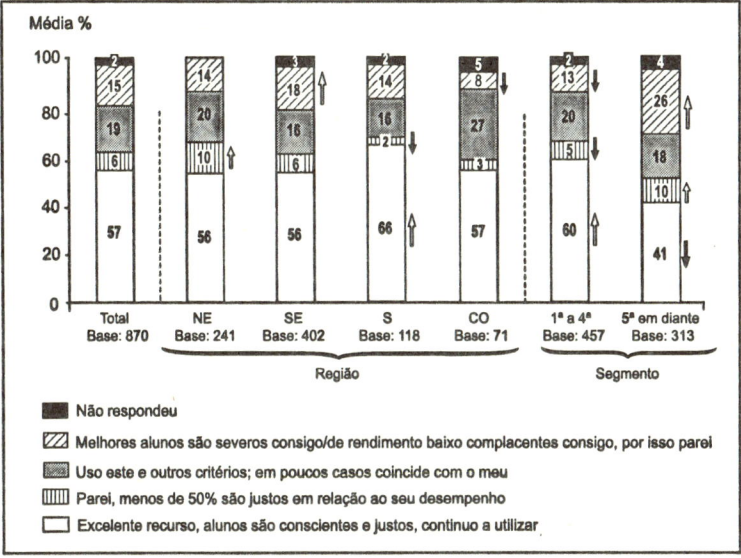

* Do total de professores que usavam ou já tinham utilizado a auto-avaliação (74% dentre os 1.172 entrevistados, ou 870 docentes), 57% a consideraram um bom recurso e continuam utilizando.
* Desses, 6% usaram por um tempo, mas abandonaram; por considerarem que mais de 50% não se autoavaliam de forma justa;
* 19% a usam, mas somente aliada a outras formas de avaliação, porque julgam que, na maioria dos casos a visão que os alunos têm de seu desempenho não coincide com os indicadores utilizados pelos docentes;
* 15% afirmaram que os alunos usam a auto-avaliação como forma de melhorar seu rendimento/conceito final.

Em resumo, 43% não consideram a auto-avaliação recurso válido, ou têm restrições ao seu uso. Nesse índice de rejeição é preciso ainda considerar os 26% da *amostra total*, que, desde o início, declararam não utilizar o recurso. Refazendo os cálculos, o percentual de docentes que rejeita a auto-avaliação é, portanto, de 57,3% do total.

- O cruzamento de dados mostrou diferença significativa na Região Nordeste e de 5ª série em diante (em maior percentual pararam de usar, depois de terem experimentado a técnica).
- Também houve diferença estatisticamente significativa entre os professores de 1ª à 4ª série (os que mais utilizam) e os de 5ª em diante (os que menos utilizam).

Em termos gerais, podemos afirmar, em função dos dados sobre avaliação:

> Nas condições atuais, em especial a partir da 5ª série, tanto na rede pública como em grande parte das escolas particulares é praticamente impossível fazer avaliação qualitativa bem-feita, isto é, dentro dos padrões técnicos necessários e que justificam sua adoção, o que não invalida as modernas teorias de avaliação, bastante bem-aceitas pelos docentes, mas ressalta a necessidade de se propiciar condições de trabalho compatíveis com os objetivos que se espera que os docentes operacionalizem e alcancem.

CAPÍTULO 7

Considerações finais

A teoria, na prática, é outra, o saber popular desprezado por alguns parece encontrar eco nas escolas.

Por quê? Porque profissionais que não acreditam realmente numa idéia acabam fazendo o que julgam o mais adequado — ou o possível, dentro do contexto. É como se pensassem: "melhor fazer bem o que sei ou o que consigo, do que mal o que mal sei fazer".

Em outras palavras, como se pôde verificar no decorrer dos vários temas aqui abordados, a realidade nas salas de aula muitas vezes acaba levando o professor a operacionalizar métodos e técnicas diferentes dos preconizados. E sempre mais freqüentemente se a situação lhe é adversa, se a estrutura básica o impede ou se não se sente apto a adotar métodos e técnicas.

No decorrer do presente estudo, foram revelados dados sobre as dificuldades da realidade do dia-a-dia dos docentes nas escolas brasileiras, que, pela sua amplitude, se levados em conta seriamente, permitirão formular políticas que

dêem aos professores condições para superar as dificuldades e problemas revelados e que, sem dúvida, constituem
fatores que — entre outros — vêm comprometendo seriamente a qualidade da escola básica brasileira.

*Talvez, em vista destes achados, tenhamos que pensar em
abandonar algumas das práticas atualmente recomendadas,
mas que não são operacionalizáveis nas condições de trabalho
existentes, substituindo-as por outras, factíveis. O melhor e o
mais recomendável, no entanto, seria criar condições para que
as medidas consideradas qualitativamente melhores pudessem
de fato ser concretizadas.*

Além disso, as conclusões e recomendações apresentadas ao longo deste trabalho, se colocadas em prática, dimi-
nuiriam sobremodo a dicotomia entre especialistas e
profissionais de campo. Ou para usar terminologia mais moderna, entre pensadores e executores (*thinkers* e *makers*) ou
ainda, entre especialistas — com alto nível de formação e
conhecimento das mais modernas teorias educacionais, mas
distanciados da prática por variadas razões — e profissionais
de campo —, que têm muita experiência prática e, em geral,
menor nível de formação (*book smarts* e *street smarts*).

Ignorar e/ou desprezar a realidade das salas de aula
lotadas na maioria das escolas do país; a média de quatro
horas de aula; a impossibilidade quase total de o professor
se atualizar nas condições de trabalho e remuneração atuais
é fechar os olhos à realidade de que o Brasil não é composto
pelos poucos que pertencem às classes A e B; é esquecer as
salas multisseriadas; é fingir que já superamos o problema
dos que nem giz têm — para citar o recurso mais corriqueiro
de uma escola; é fazer de conta que não se sabe que o pro-

fessor ganha pouquíssimo; que há os que nem completaram o Ensino Médio; assim como existem os que viajam no lombo de burricos ou em canoas até chegar a seus alunos...

É fácil e confortável criticar dizendo, a quantos queiram ouvir, que cabe ao professor encantar, fascinar, deslumbrar crianças e jovens; que é obrigação do docente moderno ser empreendedor e criativo; que deve variar métodos e técnicas de forma pedagogicamente correta e avaliar qualitativamente. Discurso atraente que tem sua base teórica, mas que esquece o Brasil continente, o Brasil que tem milhões de crianças com fome, carências físicas etc. O Brasil que não tem nem sala de aula em muitos municípios, nos quais a escola é apenas uma casinha tosca, perdida num mundão de chão, que separa os alunos de suas casas, também toscas, quilômetros atrás... Que esquece principalmente a realidade de um docente que certamente não pode encantar ninguém, crianças ou jovens, porque nem ele próprio está encantado com a realidade diária que enfrenta em sala de aula.

Os problemas aqui apresentados desnudam a escola brasileira e não deixam margem à dúvida: estamos a léguas de distância do caviar (a escola idealizada, que encanta); precisamos urgentemente do feijão-com-arroz (a escola que ensina bem).

Para recuperar o tempo perdido, a Educação tem que *primeiro* cumprir sua função inclusiva — no sentido lato da palavra — propiciando cidadania mínima a quem ainda nem cidadão é, porque não compreende nem pode compreender o que ocorre a sua volta, já que não lê, não faz contas ou, quando lê, não compreende o que está lendo.

Já posso ouvir gritos de protesto dos que interpretarão minhas palavras como as de alguém que se posta contra as inovações, contra o prazer, o lúdico e o belo. Não, não se trata absolutamente disso. Não estou querendo uma escola sisuda ou autoritária. Apenas, uma escola que ensine de fato. Nunca, porém, chegaremos à escola democrática e qualitativamente adequada que se deseja para o nosso país enquanto os instrumentos mínimos de trabalho não estiverem disponíveis a todos os professores, enquanto não for esta a realidade de todas as nossas escolas, públicas ou privadas, tanto em termos de formação, atualização, como no plano material e na infra-estrutura. Isso é sonhar com o possível e o viável... Para tanto, sugiro que comecemos colocando em prática os recados-síntese que deixei delimitados por molduras e em negrito, ao final de cada tema discutido ao longo das páginas que antecedem este capítulo final.

Tantas reformas já foram feiras, tantas novas idéias já foram adotadas, tanto já se mudou a legislação que, verdade seja dita, a maioria da classe já vê com ceticismo qualquer mudança que se anuncie... Afinal, entra reforma sai reforma, entra ano sai ano, mudam legislação e nomenclaturas, mas a decadência cada vez maior no ensino brasileiro é inegável, especialmente no Ensino Fundamental e Médio. Resultados pífios são denunciados por sucessivas pesquisas, nacionais e internacionais, revelando o que todos no Brasil já conhecem e criticam, mas que, parece, ninguém sabe ou consegue se sobrepor.[48]

---

[48]MEC, Inep. Resultados preliminares do Censo 2005, divulgados em outubro, indicam queda de matriculados no Ensino Básico, aumento da repetência e da evasão em relação a 2004.

Até pais de alunos das escolas da rede pública de ensino parecem ter noção clara do que desejam e de como percebem a situação atual. Em sua análise simples, porém verdadeira, indicam o professor como protagonista do processo, no que se refere à "qualidade do ensino", à "motivação dos alunos" e ao "sucesso ou fracasso" escolar.[49] Mas, com a mesma clareza e objetividade, expressivo percentual manifesta desejo de encontrar equipes técnicas *com mais autoridade* nas escolas públicas, numa clara rejeição ao fato de a escola se ter tornado, segundo eles, além de "muito fácil para os alunos", "terra de ninguém", "espaço da desordem, indisciplina e da transgressão" — corroborando o que pude encontrar no estudo aqui apresentado. Outros aspectos relevantes do trabalho feito com os pais merecem atenção e leitura integral por todos aqueles que se interessam pelo assunto. Os pais pedem mais limites e mais conteúdo. Claro e simples.

As contribuições que especialistas da área têm trazido, por meio de seus questionamentos, propostas, projetos, reflexões e pesquisas, sobre o ensino no Brasil são inegáveis e seria mesmo ridículo — especialista que sou — ignorá-los ou subestimá-los. Longe de mim tal intenção. Parece-me, ao contrário, que o trabalho e os resultados que aqui apresento, embora possam provocar debates e controvérsias, virão incrementar a discussão para conduzir o país a um projeto educacional mais efetivo.

Os dados aqui expostos para reflexão e análise de todos têm o objetivo de enriquecer e ampliar saberes sobre os problemas atuais da Educação no Brasil.

---

[49]MEC, Inep. *A escola pública na opinião dos pais.* Brasília, 2005.

Acabar com o isolamento em que o professor de sala de aula se encontra hoje é extremamente importante, e espero que essa disfunção seja resolvida a curto prazo. Não me parece possível resolver os problemas que a Educação brasileira vem acumulando há décadas sem que se ouça — com muita atenção e seriedade — o docente que executa as medidas da política educacional.

Vivemos um momento de democracia plena e isso torna possível sonhar com a integração completa entre educadores, atuem eles em quaisquer níveis hierárquicos: Ministério da Educação, secretarias municipais ou estaduais, centros regionais, escolas — pouco importa. Para fins administrativos e financeiros, é de fato necessário determinar e delimitar áreas de atuação. Apenas para essa finalidade, porém. Precisamos envidar esforços para promover uma real e concreta coalizão, se desejamos alcançar mais e melhores resultados no processo educacional. Espera-se do professor que seja o executor eficiente — e motivado — das mudanças que níveis mais altos projetam. Vivemos a era da propalada "gestão democrática", da "autogestão", mas ao professor não é dado o direito de participar efetivamente desse avanço. Esporadicamente são consultados sobre um ou outro assunto, raramente, porém, suas opiniões e vivências são consideradas de modo mais amplo.

É impossível, claro, considerar a multiplicidade de idéias que surgem num universo com cerca de 2 milhões de docentes, como é o caso do Brasil. Há que se ter diretrizes básicas comuns, quer sejam os "conteúdos mínimos curriculares", os "parâmetros educacionais" ou o nome que se lhes dê a cada época. Garantir um aprendizado mínimo é essencial, e precisa ser garantido a todo o alunado. É premissa indiscutível e fundamental.

Precisamos chegar a um ponto em que não se faça mais mudança — seja ela metodológica, de conteúdo ou estrutural — sem que se ouçam antes os executores num trabalho de campo extenso para (não estou sugerindo ouvir uma dúzia de professores se "queixando disso ou daquilo") e cujas considerações sejam verdadeiramente analisadas.

Que as mudanças ocorram! Ninguém deseja estagnar o processo educativo, muito menos reviver o "passado ultrapassado"...

Para mudar a práxis, no entanto, é necessário que não se aja simplesmente usando a força da lei, modismos pedagógicos ou simpatias pessoais. Quaisquer medidas, para que funcionem, devem decorrer de estudos de realidade que as tornem viáveis em primeiro lugar, e, em segundo, necessitam muitíssimo da *adesão* de quem executa.

E adesão se alcança de que forma? 1º) Preparando muito bem e *previamente* quem executa, por meio de estratégias realmente adequadas, com duração suficiente para que os docentes se sintam prontos e tecnicamente convencidos a colocar a mudança em prática; e 2º) mudanças precisam estar sempre calcadas na real possibilidade de execução. Aliás, esses dados sobre necessidades concretas — de infraestrutura e humanas — podem ser fornecidos pelos próprios docentes, nos mesmos encontros de treinamento.

Minha experiência em escolas da rede básica de ensino me permite afirmar que grande parte das estratégias implantadas em Educação fracassou porque não havia realmente possibilidade de serem operacionalizadas.

A adoção dos "Estudos Sociais" (área de estudos do currículo da escola de 1º Grau), em substituição a História e Geografia, quando da implantação da Lei de Diretrizes e Bases 5692/71, é um exemplo. *Não podia dar certo — e por isso não deu!* Professores licenciados em História, da noite para o dia, foram instados a lecionar Geografia também — e vice-versa, claro. A história recente da Educação no Brasil já demonstrou de sobra que, *sem adesão, a operacionalização falha* (no caso citado, os professores, em sua maioria absoluta, discordavam da proposta); de uma situação como essa, só se pode esperar o quê? Derrota.

Não conheço caso semelhante em nenhuma outra profissão: imaginem um profissional especializado numa determinada área de conhecimento que, de um momento para o outro, é forçado a trabalhar em algo que não sabe, ou de que só sabe os rudimentos, não gosta ou até detesta... Qual a empresa que faz isso sem, para começar, *preparar* cuidadosamente seus funcionários?

No início do século XX, a maioria dos pais ainda escolhia profissão e cônjuge para os filhos, mas até as relações familiares evoluíram para uma maior democratização. Mas, por volta dos anos 1950, já poucos sofriam tais imposições. Exportado da França, o existencialismo encantou intelectuais de toda parte. A palavra de ordem era liberdade. De decisão, de estilo de vida, de escolhas, enfim. Como compreender e aceitar que, no Brasil dos anos 1970, a lei que regia a Educação (LDB) impusesse uma mudança como a acima descrita? E, principalmente, como esperar incremento de qualidade se, de imediato, a capacidade dos docentes se reduzia a 50% do que seria ensinado? O resultado não podia ser diferente do que foi...

No entanto, somente com a nova Lei de Diretrizes e Bases (de 1996) é que se retornou ao ensino da História e da Geografia.

Em que pese o mal que já estava feito (foram 25 anos em vigor!), vale a pena parar e pensar:

- será que esse retorno ocorreu porque as teorias que embasavam "a área Estudos Sociais" foram "desmentidas" por outra mais moderna? Não que eu tenha sabido;
- será que se fez uma pesquisa ampla, antes de revogar a medida anterior e restaurar o ensino da História e Geografia separadamente? Não que eu tenha sabido tampouco;
- o que ocorreu foi que novos gestores, então no poder, pensavam diversamente e, por isso, mudaram de novo (Nesse caso em especial, graças a eles por isso...)!

Outro exemplo: também em 1971, impôs-se o Segundo Grau Profissionalizante (obrigatoriamente). Foi uma loucura, uma correria. Todas as escolas (públicas e privadas) tiveram que adaptar (correndo) suas instalações, equipamentos e recursos humanos para atender à legislação e formar técnicos em Química, Física, Datilografia, Enfermagem etc. Eram dezenas de profissões de nível médio. A idéia é boa? Claro que sim, considerando as necessidades no Brasil. No entanto, a forma pela qual foi feita... Nem preciso dizer que a maioria se transformou em escolas de formação de professores para o magistério do ensino do 1º Grau (nada mais nada menos que o antigo Ensino Normal). Era mais fácil, mais barato, mais rápido. Vinte e cinco anos depois, nova reviravolta — abandonou-se o esquema, *retornando-se* ao anterior (com outro nome, Ensino Médio), já não mais necessariamente profissionalizante...

Alguma coisa pode funcionar bem, assim? E a qualidade do ensino, não terá caído ainda "mais um pouquinho"???

O ensino particular, com mais liberdade de ação, muitas vezes conseguiu passar ao largo de algumas dessas medidas. Já em relação a outras, também foi obrigado a, sem discussão, "adaptar-se"... E a readaptar-se depois...

A substituição de notas por conceitos, a progressão automática, os ciclos de estudos foram também implantados dessa forma. Embora pudessem ter contribuído positivamente para melhorar a qualidade da Educação, acabaram como acabarão todas as reformas, se assim prosseguirmos. Fracassando e piorando o produto final...

Ao implantarem, por exemplo, o Sistema de Ciclos, se tivessem feito, *antes*, um treinamento sério e concentrado dos professores; se tivessem ampliado o número de escolas de modo a permitir turmas com menos alunos; se tivessem aumentado a carga horária discente; enfim, se apenas tivessem colocado em prática os itens previstos na LDB de 1996, certamente a medida não estaria sendo vista como está (uma forma de "passar o aluno de ano, tenha ou não aprendido") por muitos pais, alunos e professores.

Foi o que ocorreu, por exemplo, em Cuba, que utiliza o sistema de progressão automática até a 4ª série[50] há mui-

---

[50]ZAGURY, T. *Escola em Cuba — Impressões de uma educadora brasileira*, Brasiliense, 1988.

tos anos. Com as seguintes diferenças: todas as escolas funcionam em tempo integral; o professor segue com seus alunos da 1ª à 4ª série, portanto, ele é responsável pelo resultado final. Os professores lecionam apenas uma matéria (Espanhol, Matemática, Ciências etc.) desde a primeira série. Não existe o professor polivalente como aqui. Há um supervisor para cada matéria (chamado chefe de cátedra), que se reúne uma vez por semana (às sextas-feiras) com os docentes para planejarem em conjunto o trabalho da semana seguinte, tendo por base a avaliação do desempenho de *cada aluno* durante a semana que termina. Os alunos com algum tipo de dificuldade são, desde logo, incluídos em uma espécie de recuperação paralela, que se inicia na segunda-feira seguinte.

Em síntese, não se pode pretender resultados positivos lançando toda ou a maior parte da responsabilidade sobre apenas um dos elementos que trabalham no sistema (no caso, o professor) e, ainda por cima, em condições precárias.

Onde deu certo, houve um sistema inteiro apoiando o professor e supervisionando o trabalho. Também foram dadas condições ao aluno (tempo, material, professores bem preparados) para superar as naturais dificuldades. É bem diferente do que se tem feito aqui. Na Espanha e na Coréia, se usou ainda mais um outro *recurso* que faria muita diferença — *os professores tiveram seus ganhos muito aumentados*, o que lhes possibilita trabalhar em apenas um colégio e dedicar-se verdadeiramente a cada um de seus alunos.

Difícil em face de tudo que foi exposto, não associar a queda de qualidade de ensino a cada um dos temas aqui analisados. Muito embora não sejam evidentemente os únicos fatores a considerar, com certeza, resolver esses — só para começar — já seria uma verdadeira maravilha!!!

O problema não está na mudança, e sim no descompromisso, na precipitação, na forma radical (no sentido de abrangência a todo o sistema) e rápida (e que, portanto, deixam de ser *propostas* e passam a ser *impostas)* com que as reformas são feitas. E que têm levado ao insucesso, à não-aceitação, à impossibilidade de adoção, e à rejeição propostas que, em outras circunstâncias, poderiam ter realmente melhorado o ensino.

Antes de se fazer qualquer alteração a mais no sistema educacional — já há um visível cansaço em relação a novas propostas — devem-se analisar o processo e o produto. Embora muitos odeiem ouvir alguém utilizar o termo *produto* em Educação, é necessário, porque também em Educação o produto existe. E é através dele que se pode avaliar o processo. Assim como por intermédio do processo, podemos imaginar o produto que será obtido. Se o produto é bom, é muito provável, quase certo, que o processo está sendo ao menos satisfatório; porém, se o produto *como um todo* é ruim, deficiente ou insatisfatório, então com certeza o processo está com problemas.

E do processo fazem parte *todos os que dele participam, inclusive os responsáveis pela tomada de decisões.*

O que estou querendo dizer? Simplesmente que:

> Se, com todas as mudanças que ocorreram em Educação nas últimas décadas, o que se conseguiu foi uma queda acentuada da qualidade, não há dúvida: decisões incorretas ou inadequadas ocorreram. E as decisões podem ter sido sobre métodos, técnicas, estrutura curricular, falta de infra-estrutura, mau preparo dos recursos humanos, a forma de avaliar, enfim — vários ou todos esses elementos!
> É preciso não repetir os erros. Os dados estão aqui, para quem quiser ler e refletir.

Quando se toca nesse assunto (a escola era boa e agora está ruim), muitos argumentam que a escola antes era boa, porque só atendia a *poucos privilegiados* e, hoje, se atende no Brasil a quase toda a população escolarizável. Significa admitir que há obrigatoriamente incompatibilidade entre quantidade e qualidade no ensino. O que está comprovadamente desmentido pelos resultados de vários países que recentemente venceram a batalha da Educação.

Qualidade não é necessariamente etapa *posterior* ao atendimento à massa. Até porque, no plano individual, cada professor continuou a dar aulas para o mesmo número de turmas. O problema é que não se investiu na Educação Básica como se deveria. Permitiu-se inflarem as turmas como balões, o que tornou impossível a assistência adequada aos alunos. Aviltou-se ainda mais a remuneração docente, enquanto nos países que resolveram seus problemas o salário foi um item incrementado de forma substancial.

Se os resultados (produto) tivessem melhorado ou estivessem ao menos melhorando, teríamos uma indicação positiva de que as mudanças foram efetivas. Qualquer empresa, qualquer gestor competente, sabe disso! Se a mudança vem para melhorar o produto, agilizar o processo, enfim, se traz crescimento, mantém-se a mudança. Caso contrário, suprime-se. Mas nada se faz sem acompanhamento. *Acompanhamento sério, verdadeiro, quero dizer.*

Não se alteram métodos de trabalho sem treinar pessoal, não se introduz mudança em nenhuma empresa que deseja ter resultados sem analisar quais as demandas para implementação (físicas e humanas). Fazer diferente disso é suicídio — ou má-fé.

Então a pergunta que se deve fazer é:

Que processo é esse que produz tantos analfabetos funcionais, leitores que não lêem, jovens que não sabem multiplicar, dividir, cantar o Hino Nacional, dizer onde fica Portugal etc.?[51]

Melhoramos em quê?

Ah, Sim! Ia me esquecendo! Temos 98% dos jovens em idade escolar na escola! Bom? Ótimo! O que não se comenta é que destes apenas 89% concluem a 4ª série, e apenas 65% chegam ao final da 8ª. E apenas 45% concluem o Ensino

---

[51]Unesco, Relatório sobre analfabetismo, novembro de 2005.

Médio. Também não se discute a desaceleração do número de matriculados na escola básica, que vem caindo desde 2003,[52] e, por fim, que os que concluem a Educação Básica quase sempre o fazem em condições de competência equivalente a uma 5ª série, no máximo.

A repetência — que tanto incomoda gestores da política educacional — relaciona-se diretamente à incapacidade de atuar na superação das dificuldades que as crianças apresentam durante o processo de aprender. E essa incapacidade está ligada a todos os problemas que já analisamos: falta de tempo e de estrutura para o atendimento específico do aluno, falta de tempo remunerado do professor etc.

Utilizando um ou outro modelo pedagógico, o que faz de fato diferença é *a possibilidade de se utilizarem estratégias metodológicas* que assistam às crianças com resultados abaixo dos desejados. A retenção ou a promoção implicam ambas — não importa qual das duas — num compromisso da escola com a recuperação do aluno, sem o que, aí sim, poder-se-á causar danos sociais (e emocionais também). A nomenclatura ou o sistema utilizado é o que menos importa na verdade.

O que faz a diferença não é o nome que se dá ao processo, e sim o processo *como é realmente feito*.

E, obviamente, *os resultados* que precisam urgentemente mudar! Para melhor evidentemente, que para pior já mudamos várias e várias vezes...

---

[52]PNAD, 2003, Inep, MEC.

Última pausa para reflexão:

"Sigam-me os que forem brasileiros", disse o nosso duque de Caxias,[53] e é o que parecem dizer os professores desesperados diante das turmas repletas de alunos e dificuldades... Diante do desafio do líder, alguns dos brasileirinhos o seguem e conseguem ir adiante... mas os demais, não — porque não podem, dadas as defasagens anteriores —, e, então, ou se resignam ao seu destino (não saber ler nem compreender o que lêem; não estar à altura do que se exige na escola; nem mais tarde, nos empregos de que tanto necessitam), ou assumem atitudes agressivas, indisciplinadas, desrespeitosas... Ou ainda, sem opções e sem esperança, ao final de alguns dias ou semanas alienam-se do que está sendo proposto pelo professor. E, um belo dia, vão para casa e não voltam mais...

Se de fato se deseja mudar o panorama da Educação no Brasil, tem-se muito que refletir, analisar — e questionar muitas "premissas intocáveis".

Este livro — a análise e os resultados aqui apresentados — é a minha contribuição a essa causa.

Professor é quem ensina.
E quem ensina, para ensinar com qualidade, precisa acreditar no que faz.
E precisa também que acreditem nele.

---

[53] Frase atribuída ao comandante das forças brasileiras na Guerra do Paraguai, quando sua liderança atinge a plenitude no esforço para concitar nossos soldados a fazerem perigosa travessia de ponte sobre o arroio de Itororó, ação em que muitos perderam a vida.

ANEXOS

ANEXO 1

Metodologia utilizada para determinação do tamanho da amostra

O tamanho da amostra foi calculado para estimar um parâmetro P qualquer, presente no questionário. Para isso se assume que o parâmetro terá variância máxima (pior caso possível). Assumindo que $P = 50$ para a obtenção da variância máxima, e como Q é seu complementar, tem-se que:

$$P \times Q = 2500$$

Por maior que seja o tamanho, sempre existe a possibilidade de uma "amostra infeliz" (não representativa do universo) ocorrer, produzindo estimativas com erro superior ao calculado. Sabendo-se disso, assume-se o risco de aceitar uma possibilidade em vinte (5%) de se sortear uma "amostra infeliz".

Conhecendo-se o tamanho total das funções docentes e determinando-se a *priori* o tamanho da amostra de *1.000 funções docentes* tem-se que o erro *(d)* associado à estimativa é dado por:

$$d = t\,[\,(N\text{-}n) \,/\, (N\text{-}1)]^{\frac{1}{2}}\,[\,(PQ)/n\,]^{\frac{1}{2}}$$

Sendo *(t)* a abscissa da curva de freqüência da distribuição normal que define *a* = 5% (relativo à probabilidade de aparecimento de uma amostra infeliz), *(N) o* tamanho da população e *(n)* o tamanho da amostra, temos que o erro associado à estimativa é igual a aproximadamente 3,01%. Isso significa que o verdadeiro valor de dado parâmetro estimado em 10%, por exemplo, poderá estar entre 13,01% e 6,99%. Ou seja, *a margem de erro situou-se em 3%, para mais ou para menos.*

A divisão das 1.000 funções docentes deverá ser feita o mais proporcionalmente possível às regiões e tipos de ensino, conforme a tabela a seguir.

Amostra relativa às funções docentes

	Ensino Fundamental	Ensino Médio
Brasil	787	213
Norte	62	12
Nordeste	244	44
Sudeste	303	104
Sul	119	36
Centro-Oeste	58	17

Dessa forma, isto é, com este número de entrevistas distribuído da maneira acima, a amostra produzirá estimativas bastante consistentes do ponto de vista estatístico, em relação à opinião dos professores a respeito dos diversos temas abordados na pesquisa.

ANEXO 2

Construção e validação do instrumento de pesquisa

Para traduzir de forma objetiva o pensamento do professor brasileiro, foram necessárias a construção e validação de um questionário constituído de:

1) dados gerais dos participantes;
2) dados sobre formação profissional e experiência;
3) informações básicas sobre o grau de conhecimento pedagógico dos entrevistados;
4) questões que revelassem o posicionamento dos docentes em relação a algumas mudanças ocorridas no sistema educacional brasileiro;
5) itens que permitissem caracterizar alguns aspectos da prática diária docente (tipo de planejamento, métodos de ensino, recursos auxiliares, forma de avaliação entre outros).

O modelo inicialmente concebido passou por seis etapas, entre as quais as de validação interna e externa (de
conteúdo e por especialistas) e as de aperfeiçoamento, até
a versão final.

DEFINIÇÃO DA AMOSTRA

A aplicação dos questionários levou cerca de um ano
para ser concluída.

Embora a previsão inicial fosse de mil docentes, concluí
o estudo com mais 172 entrevistas válidas, que, incluídas,
deram mais fidedignidade ao estudo, concluído com uma
amostra, portanto, 15% maior.

Foram aplicados, ao todo 2 mil questionários, com
um retorno de 1.172, o que indica uma mortalidade de
41,4%. Um alto índice, especialmente levando em conta
o fato de que os professores eram convidados e participar — e só o faziam se de fato o desejassem e de forma
totalmente voluntária. A aplicação era feita logo após a
explanação do projeto para o grupo docente, numa pequena e rápida reunião, organizada pelo diretor da escola ou por alguém da equipe por ele designado. Em
seguida à apresentação, os questionários eram distribuí-
dos apenas aos que optavam por participar, enquanto os
demais podiam retirar-se.

Os participantes receberam total garantia de anonimato, para possibilitar respostas verdadeiras.

Os questionários recebiam apenas numeração seqüen-
cial e o nome da cidade. No momento da entrega, eram

colocados em pastas fechadas, tornando impossível, a partir daí, identificar o respondente.

O tempo despendido pelos entrevistados variou entre 10 minutos, no mínimo, e 45 minutos no máximo. A média ficou em 20 minutos na maioria dos casos. Como a aplicação era feita imediatamente após a apresentação dos objetivos do estudo, ocorreu que boa parte dos entrevistados, que de início havia decidido responder ao questionário, simplesmente após um lapso de tempo se retirou da sala sem devolver o instrumento.

Uma das hipóteses que poderia explicar o fato seria a falta de tempo dos professores — parte deles pode ter imaginado que as respostas demandariam poucos minutos. De posse do questionário, verificavam que precisariam de mais tempo do que dispunham, e então desistiam.

Outra hipótese que me parece bem provável é a de que, ao conhecerem o conteúdo de parte das questões propostas (que exigiam algum tipo específico de saber pedagógico), alguns professores tenham sentido insegurança ou medo de estarem sendo avaliados. De qualquer forma, é um dado digno de registro, que tanto pode refletir insegurança do professor como falta de hábito ou de desejo de externar suas opiniões.

Imprescindível ressaltar o empenho e a colaboração valiosa dos diretores e coordenadores, assim como de supervisores e orientadores educacionais, que atuaram de foma decisiva para o sucesso do trabalho, abrindo, entusiasmados, as portas de suas escolas para mim. Não houve nenhum caso de interdição à proposta de pesquisa, enviada por carta inicialmente, e formalizada depois, quando aceita.

Todos os docentes que se envolveram no estudo demonstraram, com bastante ênfase, interesse em conhecer os resultados, tão logo fosse possível.

TRATAMENTO DOS DADOS

As estatísticas utilizadas foram:

1) média e percentual dos dados;
2) qui-quadrado, para detectar diferenças significativas ou não significativas, em função dos seguintes parâmetros:
   a) segmento do ensino trabalhado;
   b) tipo de escola (pública ou particular)
   c) localização da escola
   — capital x cidades do interior e/ou
   — regiões geográficas

Considerando o número enorme de dados obtidos ao final dos cálculos estatísticos, para garantir clareza ao leitor, tomei como regra comentar somente os casos em que o cruzamento de dados *apresentou diferenças significativas*, resultando diretamente dessa decisão que dados de cruzamento não comentados significam que, para os cruzamentos feitos, NÃO FORAM ENCONTRADAS DIFERENÇAS SIGNIFICATIVAS.

ANEXO 3

Instrumento utilizado na pesquisa[54]

Data: _____   Questionário n° _____
Cidade _____   Estado _____

Caro Professor,

O questionário abaixo faz parte de um estudo que estou realizando em vários estados brasileiros, com a finalidade de detectar características e dificuldades relativas à prática docente no Ensino Fundamental e no Ensino Médio das escolas brasileiras hoje.

Se puder contribuir com a sua experiência, será de inestimável valia.

Muitas vezes ouvi colegas afirmando que raramente são consultados quando reformas e mudanças educacionais são implantadas, sendo eles, no entanto, que têm que implementá-las.

---

[54]Forma Final (Versão n° 6)

Aqui você terá oportunidade de se pronunciar. A pesquisa é anônima, não havendo qualquer identificação, o que possibilita que suas respostas sejam francas, mesmo que considere o tema delicado ou difícil de ser abordado. Por outro lado, é claro que, quanto mais verdadeiras forem as suas declarações, mais o estudo espelhará a realidade do PENSAMENTO DO PROFESSOR no Brasil.

Conto com você, caro colega, para realizar este trabalho, que, espero, venha dar voz àquele que atua em sala de aula.

Desde já muito grata pela sua valiosa colaboração.
Profa. Tania Zagury

DADOS PESSOAIS

(MARQUE UM "X" NO PARÊNTESE CORRESPONDENTE):

(I) Sexo

    1. ( ) Masculino
    2. ( ) Feminino

(II) Idade

    1. ( ) Tenho entre 17 e 24 anos
    2. ( ) Tenho entre 25 e 30 anos
    3. ( ) Tenho entre 31 e 40 anos
    4. ( ) Tenho entre 41 e 50 anos
    5. ( ) Tenho mais de 50 anos

(III) Grau de instrução (Marque apenas o mais alto grau concluído.)

    1. ( ) Nível Fundamental
    2. ( ) Nível Médio
    3. ( ) Nível Superior
    4. ( ) Especialização/Aperfeiçoamento
    5. ( ) Mestrado
    6. ( ) Doutorado
    7. ( ) Pós-Doutorado

(IV) Há quantos anos leciona?

    1. ( ) até 5
    2. ( ) entre 6 e 10
    3. ( ) entre 11 e 15
    4. ( ) 16 ou mais

(V) Atualmente você trabalha em:

    1. ( ) Escola Pública
    2. ( ) Escola Particular
    3. ( ) Em ambas

(VI) No momento, em que nível você leciona? (Pode marcar mais de um, se for o seu caso.)

    1. ( ) 1ª à 4ª série
    2. ( ) 5ª à 8ª série
    3. ( ) Ensino Médio

(VII) Que matérias que está lecionando este ano? (Só responda esta questão, se for professor de 5ª série em diante.)

1. _____
2. _____
3. _____

(VIII) Tem formação específica para o exercício do magistério?

1. ( ) Sim, curso de Formação de Professores — Nível Médio
2. ( ) Sim, Licenciatura ou Pedagogia
3. ( ) Sim, em Nível de Mestrado ou Doutorado
4. ( ) Sim, outro. Qual ? _____
5. ( ) Não tenho formação específica para o magistério.

RESPONDA, MARCANDO COM UM "X" NA COLUNA OU PARÊNTESES OU DE ACORDO COM O QUE SE PEDE:

A) Como você encara a PROGRESSÃO CONTINUADA, implantada em algumas séries do Ensino Fundamental na rede pública?

1. ( ) Penso que contribui efetivamente para a melhoria da qualidade do ensino
2. ( ) Acredito que vá fazer decair ainda mais a qualidade do ensino
3. ( ) Só funciona para melhorar o fluxo de vagas, é uma medida política apenas
4. ( ) Só tem sentido se o aluno tiver também garantidas melhorias na qualidade de ensino

B) Na sua experiência, qual a MAIOR dificuldade do professor EM SALA DE AULA hoje? (Marque apenas uma, a que considera a <u>maior</u>.)

1. ( ) A escolha da metodologia adequada a cada unidade ou aula
2. ( ) Dominar o conteúdo de sua disciplina
3. ( ) Manter-se constantemente atualizado em sua disciplina
4. ( ) Fazer a avaliação dos alunos
5. ( ) Motivar os alunos
6. ( ) Manter a disciplina em sala
7. ( ) Usar recursos audioviduais
8. ( ) Outra. Qual _____

C) Escreva, a seguir, a CAUSA a que você atribui essa dificuldade apontada no item anterior. (CASO HAJA MAIS DE UMA, enumere, de forma objetiva, e em ordem de importância, as 3 principais)

1ª) _____
2ª) _____
3ª) _____

D) De modo geral, considera que, nas escolas em que atua ou atuou, seus pontos de vista pedagógicos são ouvidos e levados em conta (em cada uma das linhas abaixo, marque com um "X" a opção que melhor descreve a sua experiência):

	Sempre	Muitas Vezes	Raramente	Nunca
1. Pelos demais professores				
2. Pela direção				
3. Pela equipe técnica				

E) Considera-se apto e/ou motivado a trabalhar com os temas transversais abaixo relacionados, propostos na nova Lei de Diretrizes e Bases da Educação Nacional, de 1996? (Para cada tema marque "SIM" ou "NÃO", tanto na coluna referente a APTO como na referente a MOTIVAÇÃO.)

TEMA	APTO		MOTIVADO	
	SIM	NÃO	SIM	NÃO
1. Cidadania				
2. Ética				
3. Educação Sexual				
4. Prevenção ao Uso de Drogas				
5. Preservação do Meio Ambiente				

F) Marque com um "X" a coluna adequada, de acordo com o que pensa a respeito das afirmativas que se seguem:

AFIRMATIVA	VERDA-DEIRA	FALSA
1. A reprovação traumatiza o aluno, impedindo seu progresso posterior		
2. A reprovação só causa danos se for injusta e o aluno não tiver tido real oportunidade de aprender		
3. Em toda turma sempre vai existir um percentual de alunos que não querem estudar e por isso têm que ser reprovados		
4. A melhor escola é aquela em que o aluno encontra professores amigos e ambiente agradável, porque mais importante é a relação afetiva		
5. A boa escola é aquela que ensina valores e conteúdo, levando o aluno a ter melhores oportunidades na vida, profissionalmente e pessoalmente		
6. Bom professor não é o que ensina, mas o que leva o aluno a "aprender a aprender"		
7. Bom professor é aquele que tem conteúdo, sabe transmiti-lo e relaciona-se bem com seus alunos		
8. O uso de recursos audiovisuais variados garante uma boa aprendizagem		
9. Atualmente a aula expositiva é um recurso ultrapassado que não deve ser usado		
10. A melhor forma de aprender é através do trabalho de grupo		
11. A melhor forma de conseguir disciplina é dar uma prova bem difícil		
12. A melhor forma de disciplinar é conseguir motivar o aluno, através de aulas que trabalhem temas ligados à realidade da vida		
13. A maior parte das inovações educacionais que chegam às escolas raramente trazem progresso verdadeiro para os alunos		
14. Corrigir provas ou trabalhos com caneta vermelha causa danos emocionais ao aluno		
15. Passar tarefas para o aluno fazer em casa sobrecarrega o aluno e o desmotiva		

G) Marque um "X" na coluna "SIM" ou na coluna "NÃO", de acordo com os seus hábitos, habilidades e atitudes, utilizando toda a sua franqueza (lembre-se: o questionário não é identificável):

HÁBITOS, HABILIDADES E ATITUDES	SIM	NÃO
1. Sei confeccionar material impresso (álbum seriado, mural, apostila etc.)		
2. Sei fazer transparências utilizando canetas apropriadas		
3. Sei utilizar o retroprojetor		
4. Sei utilizar aparelhagem de som para CD		
5. Sei operar um videocassete para projetar um filme gravado		
6. Sei programar aparelho de videocassete para gravar filmes na TV		
7. Sei usar um computador utilizando o programa Windows		
8. Sei utilizar um computador acoplado a um sistema multimídia		
9. Quando preciso, sei conectar-me à Internet e navegar		
10. Leio diariamente pelo menos um jornal		
11. Sou assinante de uma revista de Educação		
12. Leio, por ano, pelo menos dois livros sobre Educação		
13. Leio semanalmente uma revista tipo *Veja, Época, IstoÉ, Exame* etc.		
14. Leio, por mês, pelo menos um livro de Literatura (ficção, romance, poesia, suspense etc.)		
15. No último ano, estive em pelo menos um encontro sobre Educação (seminário, congresso etc.)		

H) Abaixo estão relacionados alguns dos especialistas que trouxeram contribuições importantes para o campo da Educação. Em relação às teorias que elaboraram, marque com um "X" a coluna que retrata qual o seu real conhecimento de cada uma delas (seja absolutamente franco):

AUTOR	CONHECE BEM	CONHECE POUCO	NÃO CONHECE
1. M. MONTESSORI			
2. MAGER			
3. EMILIA FERRERO			
4. PAULO FREIRE			
5. JEAN PIAGET			
6. C. FREINET			
7. MAKARENKO			
8. VIGOTSKI			
9. CARL ROGERS			

I) Numere a segunda coluna de acordo com a primeira, relacionando idéia e autor:

1. M. MONTESSORI	( ) Ênfase no processo sócio-histórico
2. MAGER	( ) Estudos sobre o processo de aprendizagem da leitura e da escrita
3. EMILIA FERRERO	( ) *Pedagogia do oprimido*
4. PAULO FREIRE	( ) Precursor da idéia da criança como personalidade autônoma
5. JEAN PIAGET	( ) *Poema Pedagógico* e *O Livro dos Pais*
6. C. FREINET	( ) Objetivos comportamentais
7. MAKARENKO	( ) Não-diretividade
8. VIGOTSKI	( ) Invariantes pedagógicas
9. CARL ROGERS	( ) Estágios do desenvolvimento cognitivo/epistemologia genética

J) Marque com um "X" a linha pedagógica da escola em que você LECIONA (se trabalha em mais de uma, use uma linha para cada escola):

ESCOLA	TRADICIONAL	ATIVA NOVA	CONSTRUTIVISTA	NÃO DIRETIVA	TECNICISTA	CRÍTICA DOS CONTEÚDOS	OUTRA QUAL?	NÃO SEI
1.								
2.								
3.								
4.								

K) Considera que os professores, EM SUA MAIORIA, têm conhecimento de qual é a linha pedagógica adotada nas escolas em que trabalham?

1. ( ) Sim, a maioria tem conhecimento da linha pedagógica
2. ( ) Não, a maioria não sabe qual é a linha pedagógica adotada pela escola

L) Nas escolas em que trabalha ou trabalhou, os professores, de forma geral, *atuam efetivamente*, em sala de aula, de acordo com os pressupostos pedagógicos oficialmente adotados pela escola?

1. ( ) Sim, mas somente porque há supervisão direta à ação docente
2. ( ) Sim, porque consideram fundamental haver unidade e coesão pedagógica
3. ( ) Não, na maioria dos casos cada um trabalha do jeito que quer, quando está em sua sala
4. ( ) Não, na minha escola não há linha pedagógica claramente determinada, cada um ensina como quer

M) Em sua escola, que tipos de planejamento pedagógico são utilizados? (Se trabalha em mais de uma escola, opte pela escola na qual se encontra no momento em que responde a esse questionário.)

1. ( ) Planejamento educacional/curricular
2. ( ) Plano de curso
3. ( ) Plano de unidade
4. ( ) Plano bimestral
5. ( ) Plano de aula

N) Costuma participar dos planejamentos conjuntos das escolas em que trabalha? (MARQUE APENAS UMA, a que melhor representa a sua situação.)

1. ( ) Sim, acho muito importante
2. ( ) Sim, mas só porque sou obrigado, acho que fica só no papel
3. ( ) Quando vou, fico apenas de "corpo presente", porque não acho que tenha utilidade
4. ( ) Falto sempre que posso, acho desnecessário

O) Costuma planejar suas aulas (Plano de Aula)?

1. ( ) Sempre
2. ( ) Às vezes
3. ( ) Raramente
4. ( ) Nunca

P) O que você MAIS utiliza em sala, para dar suas aulas (MARQUE APENAS UMA, a mais usada):

1. ( ) Exposição oral
2. ( ) Trabalho de grupo
3. ( ) Trabalho individual

Q) Qual dos recursos abaixo você utiliza em sala de aula, além do quadro-de-giz (para CADA recurso, marque um "X" na opção adequada à freqüência de utilização):

RECURSO	Usa muito	Usa às vezes	Raramente usa	Não usa
1. TRANSPARÊNCIAS				
2. FILMES				
3. *SLIDES*				
4. TELEVISÃO				
5. ÁLBUM SERIADO				
6. COMPUTADOR				
7. JORNAIS DE CIRCULAÇÃO NORMAL				
8. MURAL/CARTAZES				

R) Como você avalia seus alunos:

1. ( ) Através de provas
2. ( ) Através de provas e testes
3. ( ) Através de provas, testes e trabalhos individuais
4. ( ) Através de provas, testes, trabalhos individuais e de grupo
5. ( ) Através de provas, testes, trabalhos individuais, trabalhos de grupo e fichas de observação
6. ( ) Somente através de trabalhos individuais e/ou de grupo
7. ( ) Através de trabalhos individuais e/ou de grupo e de fichas de observação

S) Com relação à avaliação qualitativa (formativa), você:

1. ( ) Sabe trabalhar bem com ela e utiliza sempre, porque é a melhor forma de avaliar
2. ( ) Tem algumas dúvidas a respeito, mas usa do modo que sabe, porque acha positivo
3. ( ) Sabe fazer, mas não utiliza por não acreditar nessa forma de avaliação
4. ( ) Não sabe utilizar direito, por isso não utiliza
5. ( ) Não sabe utilizar, nem acredita nesta forma de avaliar

T) Na escola em que trabalha, a avaliação é feita através de notas ou conceitos? (Se trabalha em mais de uma escola, considere a que você está no momento em que preenche este questionário.)

1. ( ) Nota
2. ( ) Conceito

U) Ao corrigir provas, trabalhos, testes — ao avaliar o aluno, enfim —, PREFERE dar nota ou conceito?

1. ( ) Nota
2. ( ) Conceito

V) Quando usa conceito, *costuma dar nota e depois fazer conversão para conceito*, utilizando uma tabela?

1. ( ) Sim
2. ( ) Não
3. ( ) Nunca trabalhei com conceito

X) Utiliza RECUPERAÇÃO PARALELA em seu trabalho diário?

1. ( ) Sempre, é fundamental
2. ( ) Às vezes, quando tenho tempo
3. ( ) Raramente, é quase impossível na situação em que trabalho
4. ( ) Não utilizo

Y) Utiliza ou já utilizou AUTO-AVALIAÇÃO com seus alunos?

1. ( ) Sim
2. ( ) Não

ATENÇÃO: SÓ RESPONDA À PRÓXIMA QUESTÃO CASO TENHA RESPONDIDO "SIM" À QUESTÃO ANTERIOR.

Z) Se já utilizou AUTO-AVALIAÇÃO com seus alunos, o que achou?

1. ( ) Excelente recurso, a maioria dos alunos são muito conscientes e justos, por isso continuo a utilizar
2. ( ) Deixei de usar, porque menos de 50% dos alunos costumam ser justos em relação ao seu próprio desempenho
3. ( ) Uso outros critérios também, porque apenas em poucos casos o julgamento do aluno coincide com o meu
4. ( ) De modo geral, os melhores alunos costumam ser mais severos na avaliação do próprio desempenho, enquanto os de rendimento mais baixo são mais complacentes consigo próprios, por isso não uso.

AO TERMINAR, NÃO DEIXE DE VERIFICAR SE
ESQUECEU DE RESPONDER A ALGUMA QUESTÃO.

MAIS UMA VEZ, MUITO GRATA PELA
VALIOSA COLABORAÇÃO!

ANEXO 4

Validação interna do instrumento de pesquisa

O questionário de pesquisa, ANTES de ser aplicado em campo, foi validado internamente pelos profissionais abaixo relacionados, cuja competência, experiência e isenção propiciaram o aperfeiçoamento do modelo inicial, que após seis versões, foi considerado adequado para aplicação de forma a permitir que o estudo refletisse de forma objetiva e clara o pensamento do professor brasileiro.

VALIDAÇÃO POR ESPECIALISTA EM METODOLOGIA DA PESQUISA

Dra. MARIA DE JESUS MENDES DA FONSECA

- Estatística
- Pesquisadora-Adjunta da Fundação Oswaldo Cruz
- Epidemiologista
- Mestre em Saúde Pública pela Unesp
- Doutoranda em Medicina Social pela UERJ

VALIDAÇÃO POR ESPECIALISTA EM CONTEÚDO

Dra. ANTONIA PETROWA

- Doutora em Ciências da Comunicação pela USP
- Mestre em Psicologia Escolar pela UFRJ
- Professora-Adjunta da Faculdade de Educação da UFRJ

ANEXO 5

Locais onde foi feita a pesquisa

	REGIÃO GEOGRÁFICA	CIDADES	UF
01	CENTRO-OESTE	Brasília	DF
02		Campo Grande	MS
03		Cuiabá	MT
04		Palmas	TO
	Subtotal	4	4 UF
05	NORTE	Manaus	AM
06		Macapá	AP
07		Belém	PA
	Subtotal	3	3 UF
08	NORDESTE	Maceió	AL
09		São Luís	MA
10		Campina Grande	PB
11		João Pessoa	PB
12		Petrolina	PE
13		Recife	PE

	REGIÃO GEOGRÁFICA	CIDADES	UF
14		Teresina	PI
15		Natal	RN
16		Aracaju	SE
		Salvador	BA
	Subtotal	9	8 UF
17	SUL	Curitiba	PR
18		Maringá	PR
19		Nova Hamburgo	RS
20		Porto Alegre	RS
21		Florianópolis	SC
22		Joinville	SC
	Sub-total	6	3 UF
23	SUDESTE		
24		Araruama	RJ
25		Belford Roxo	RJ
26		Cabo Frio	RJ
27		Duque de Caxias	RJ
28		Teresópolis	RJ
29		Petrópolis	RJ
30		Rio de Janeiro	RJ
31		Volta Redonda	RJ
32		Vila Velha	ES
33		Vitória	ES
34		Araxá	MG
35		Belo Horizonte	MG
36		Divinópolis	MG
37		Gov. Valadares	MG

	REGIÃO GEOGRÁFICA	CIDADES	UF
38		Campinas	SP
39		Franca	SP
40		S.Bernardo do Campo	SP
41		Santo André	SP
42		São Paulo	SP
	Subtotal	20	4 UF
	TOTAL	42 CIDADES	22 UF

ANEXO 6

Perfil detalhado da amostra

O perfil dos 1.172 professores (de 42 cidades, em 22 estados da federação) que participaram do estudo está explicitado nos quadros 1 a 10, que se seguem. Utilizei como símbolo, válidos para todos os quadros em que foram feitos cruzamentos de dados:

- Setas negras voltadas para baixo = diferença estatisticamente significativa negativa (menor que o total geral)
- Setas brancas voltadas para cima = diferença estatisticamente significativa positiva (maior que o total geral)

Quadro 1
Participação por gênero

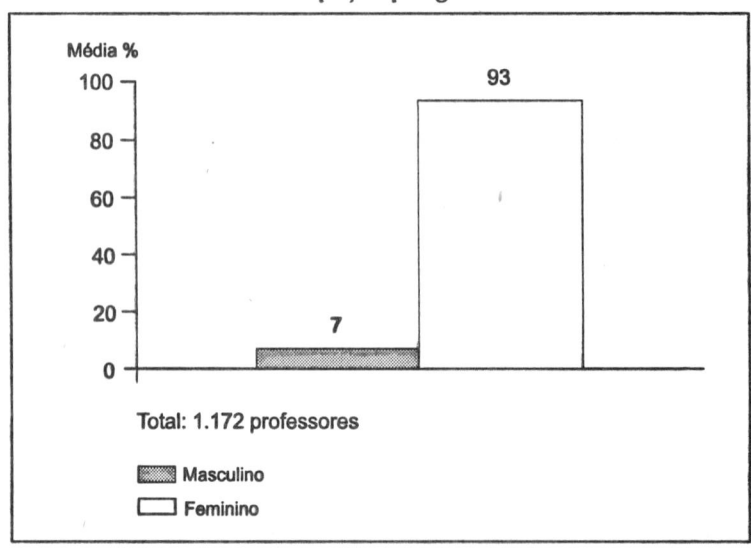

Total: 1.172 professores

⬚ Masculino
⬚ Feminino

Quadro 2
Gênero × Segmento

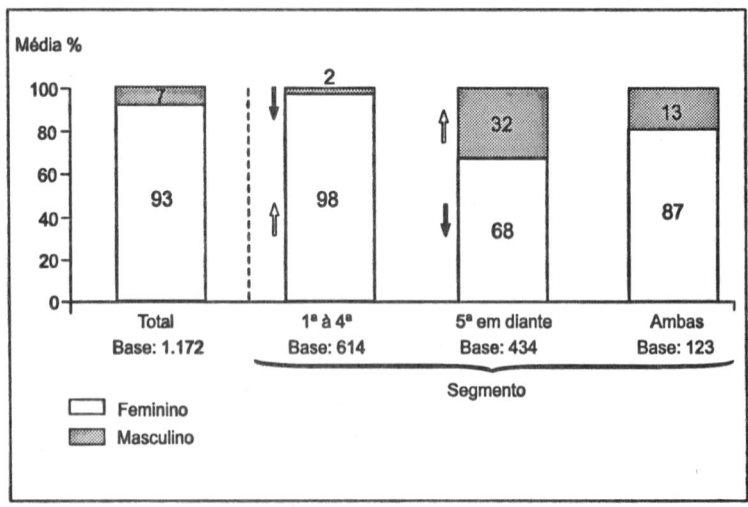

Os quadros 1 e 2 confirmam a predominância do gênero feminino na profissão, com diferença significativa apenas nas séries finais do Ensino Fundamental e Médio,
conservando-se, mesmo nesse caso, a maioria de mulheres no magistério.

Quadro 3
Faixa etária docente

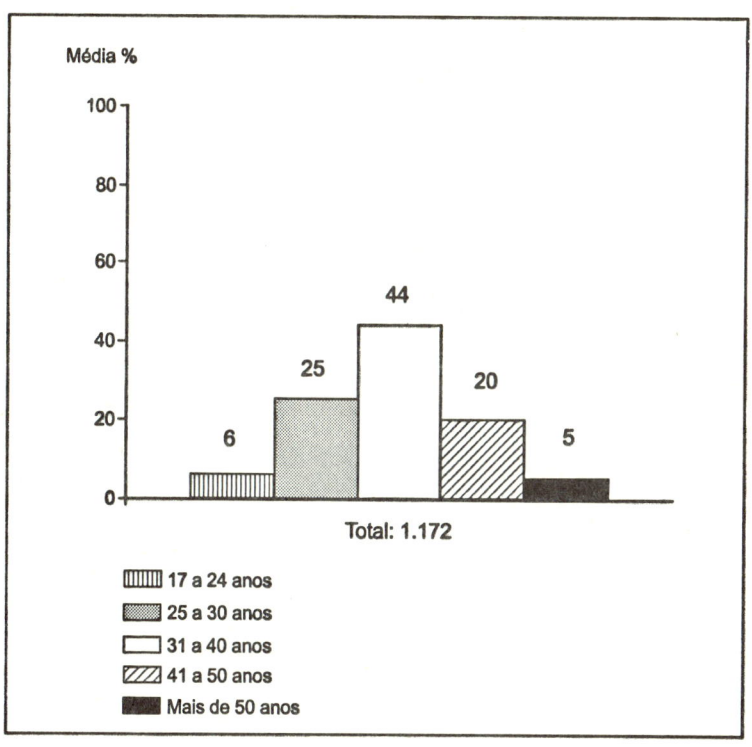

A idade dos participantes da pesquisa variou de 17 até
mais de 50 anos, com predominância do grupo situado
entre 31 e 40 anos (44% do total).

A legislação concede aposentadoria dos professores cinco anos mais cedo do que às demais profissões (nos níveis de Ensino Fundamental e Médio). Aliando esse fato às dificuldades e desgastes do exercício do magistério, compreende-se por que se reduz bastante o percentual dos que continuam na ativa após os 50 anos. É uma profissão de pessoas relativamente jovens: no nosso estudo 75% tinham entre 17 e 40 anos e apenas 25% mais de 41

Quadro 4
Experiência no magistério

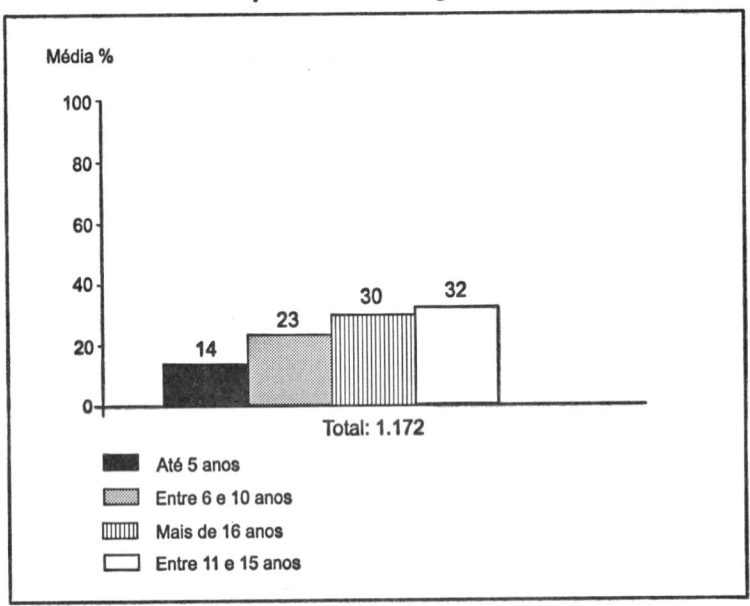

Embora a participação na pesquisa tenha sido espontânea e voluntária, o fato de ter havido maior concentração de profissionais com experiência docente superior a 10 anos (62%). foi um feliz acaso, porque esses profissionais passaram por experiências pedagógicas mais variadas e muitos deles vivenciaram o trabalho docente na vigência de duas diferentes leis de Diretrizes e Bases (1971 e 1996). Apenas 14% tinham experiência igual ou inferior a 5 anos.

A atual LDB tornou os estudos de nível superior uma exigência para todos os docentes, a despeito do segmento em que lecionem, conforme se pode verificar a seguir:

TÍTULO VI
DOS PROFISSIONAIS DA EDUCAÇÃO[55]

Art. 62º A formação de docentes para atuar na educação básica far-se-á em nível superior, em curso de licenciatura, de graduação plena, em universidades e institutos superiores de educação; admitida, como formação mínima para o exercício do magistério na educação infantil e nas quatro primeiras séries do ensino fundamental, a oferecida em nível médio, na modalidade normal.

A exigência do artigo 62 iniciou-se na implantação em 1996. Em conseqüência, como demonstra o quadro 5, adiante, grande parte dos professores apressou-se a cumpri-la. Do total geral, apenas 17% dos professores declararam formação apenas de nível médio, enquanto 50% tinham nível superior, 32%, especialização e/ou aperfeiçoamento e 2%, mestrado.

---

[55]Lei 9.394, de Diretrizes e Bases da Educação Nacional, 1996, MEC.

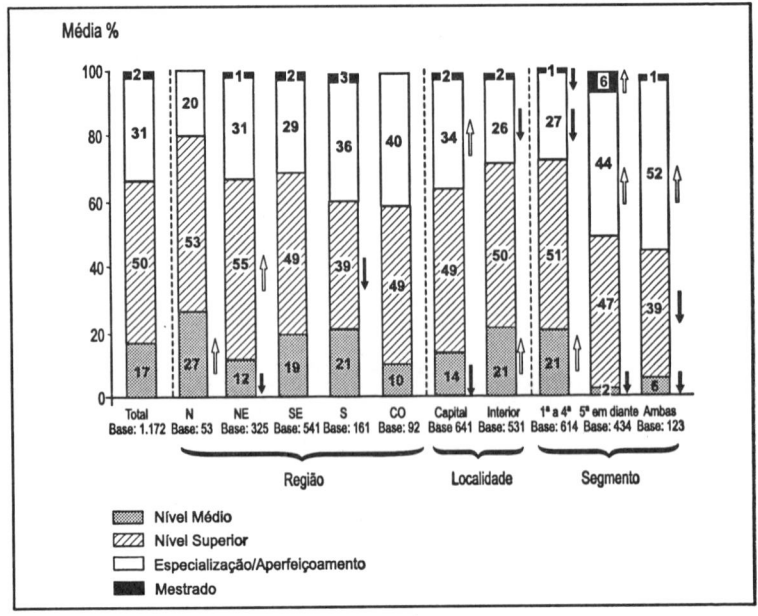

Diferenças significativas foram verificadas:

— de acordo com a região geográfica (Região Sul foi a que apresentou maior percentual de docentes com nível superior e mestrado);

— em função do segmento de atuação no ensino (a exigência de nível superior já vigorava para os professores a partir da 5ª série e Ensino Médio antes da atual LDB);

— nas capitais dos estados onde o percentual de professores com nível de formação mais alto foi significativamente maior que o das cidades do interior;

— o maior percentual de professores com mestrado ficou entre os que lecionam de 5ª à 8ª série do Ensino Fundamental, embora 2% ainda apresentam apenas formação de nível médio;
— 8% dos que lecionam no Ensino Médio ainda têm formação somente de nível médio.

Quadro 6
Docentes da rede particular × pública

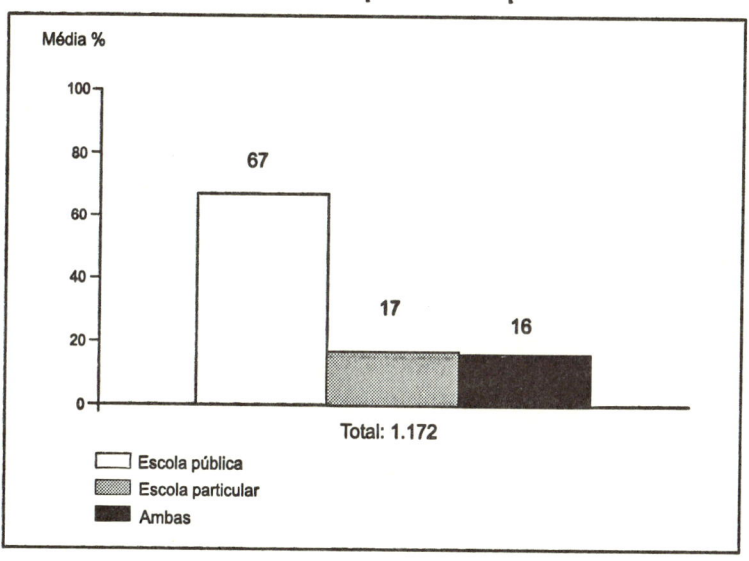

A maioria dos docentes entrevistados (67%) trabalhava no ensino público e 17% na rede privada; 16% em ambas as redes.

O quadro 7 discrimina o elenco de disciplinas ministradas pelos professores entrevistados: a amostra do estudo cobriu todos os componentes básicos do currículo do Ensino Básico (Fundamental + Médio).

Quadro 7
Disciplina(s) que ministra

• Língua Portuguesa
• Língua Estrangeira
• Literatura
• História
• Geografia
• Matemática
• Física
• Ciências
• Biologia
• Formação de Professores — /Ensino Médio

Quadro 8
Nível em que leciona

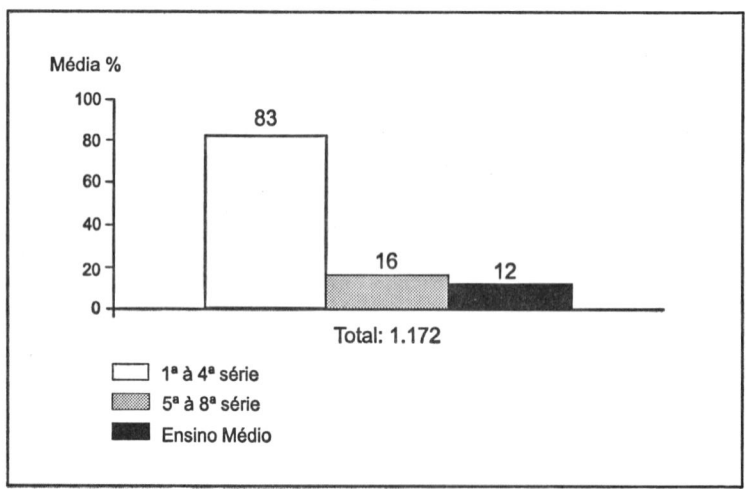

A distribuição em relação ao nível lecionado mostrou predominância de professores das primeiras séries do Ensino Fundamental (83%) e 28% a partir da 5ª série, de acordo, portanto, com a distribuição do universo estudado.[56]

Quadro 9
Formação específica para o magistério

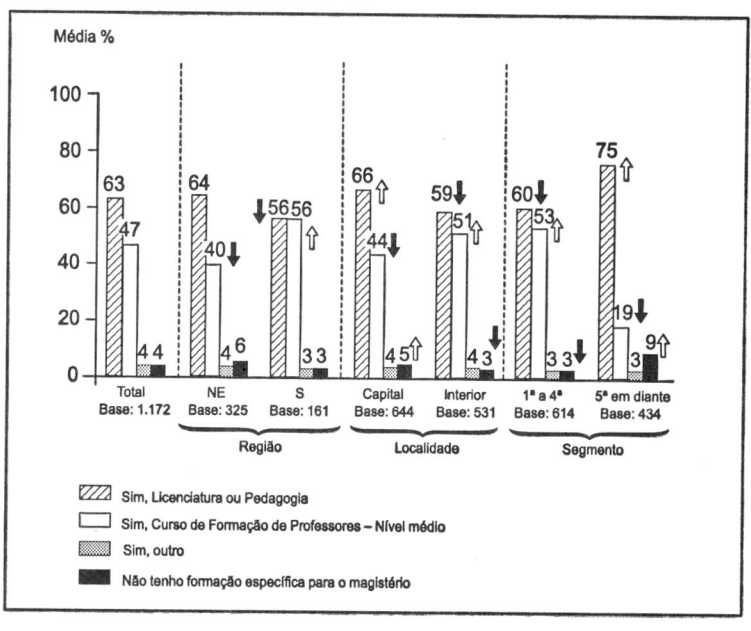

O quadro 9 mostra maioria dos docentes com formação específica para o magistério em cursos de Formação de Professores de nível médio (47%) e superior (63%); apenas 4% sem formação pedagógica e 4% com "outros tipos de formação".

[56]MEC, Censo Escolar, Distrito Federal, 2001.

Comparando a formação docente das capitais com a das demais cidades, o estudo encontrou diferença significativa: 66% dos professores das capitais dos estados apresentavam formação em nível superior, contra 59% nas demais cidades.

Quadro 10
Outros tipos de formação para o magistério

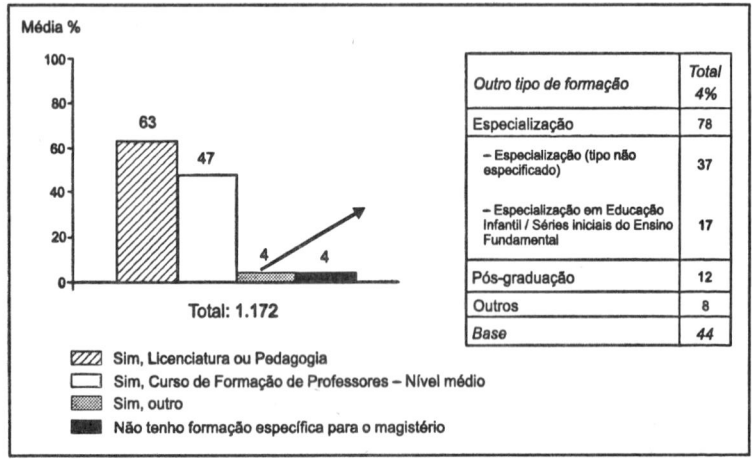

A distribuição dos 4% que afirmaram ter "outro tipo de formação para o magistério" concentrou-se fortemente nos cursos de especialização (78%), como mostra o quadro 10, acima.

ANEXO 7

Instituições onde foram aplicados os questionários e profissionais responsáveis

Sem a imediata e entusiasmada adesão dos educadores aqui relacionados, que não somente franquearam minha entrada em suas escolas e/ou instituições, como também colaboraram de forma efetiva e proativa para a concretização do estudo, este trabalho não teria sido possível. A eles, meus mais sinceros, verdadeiros e comovidos agradecimentos.

No.	INSTITUIÇÃO	PROFISSIONAL	CARGO	CIDADE	ESTADO
01	Colégio das Irmãs Sacramentinas	Ir. Ana Virgínia	Diretora	Salvador/BA	BA
02	Centro Educacional Charles Darwin	Mércia Maria Pimentel Lemos	Supervisora do Ensino Médio	Vila Velha e Vitória/	ES
03	Colégio Jesus Maria José	Andréa Borges Machado Matias	Orientadora educacional e coordenadora pedagógica	Franca	SP
04	Colégio São Paulo	Ir. Coremir Dayse Maria Moçol	Diretora orientadora educacional	Teresópolis	RJ
05	Colégio D. Bosco	Valéria Rezende da Silva	Psicóloga escolar	Campo Grande	MS
06	Colégio Cipicom/Objetivo	Merylane Cólen Dutra	Diretora	Gov. Valadares	MG
07	Colégio Coração de Jesus	Maria Cristina Fabel Gontijo	Diretora	Belo Horizonte	MG
08	Inst. Educação Imaculada	Rosélia de Araújo	Diretora	Campinas	SP
09	III Congresso Paraibano em Educação	Rivaldo Antonio de Araújo	Diretor	João Pessoa	PB
10	Colégio MOPI	Regina Canedo	Diretora	Rio de Janeiro	RJ
11	Colégio Atual	Simone Bérgamo	Psicopedagoga	Recife	PE
12	Colégio APOIO	Rejane Maia	Diretora	Recife	PE

No.	INSTITUIÇÃO	PROFISSIONAL	CARGO	CIDADE	ESTADO
13	Centro Integrado de Educação do Sagrado Coração	Valdeci Valentim Loch	Assessora pedagógica	Curitiba	PR
14	Centro Educacional Menino Jesus	Edite Maria Barbosa Guilhon	Supervisora escolar	Florianópolis	SC
15	Colégio GEO	Edivânia	Diretora	Petrolina	PE
16	Colégio Marista Pio X	Fernando	Orientador educacional	João Pessoa	PB
17	Colégio Regina Coeli	Socorro Farias Lucimar	Diretora coordenadora geral	Campina Grande	PB
18	Colégio Magnum Agostiniano	Eldo Pena Couto	Supervisor pedagógico	Belo Horizonte	MG
19	Colégio Santo Agostinho	Prof. Bacchim	Diretor pedagógico	Rio de Janeiro	RJ
20	Centro Educacional Higino da Silveira	Adriana e Álvaro	Diretores	Teresópolis	RJ
21	Colégio Salesiano Santa Terezinha	Margareth Teixeira de Santoro	Coordenador pedagógico	São Paulo	SP
22	Colégio INEI	Carla Kirillos	Supervisora pedagógica	Maceió	AL

No.	INSTITUIÇÃO	PROFISSIONAL	CARGO	CIDADE	ESTADO
23	Colégio Damas da Instrução Cristã	Rosa Ma. F. Albuquerque Irmã Noêmia	Coordenadora geral coordenadora de Ensino	Recife	PE
24	Colégio Agostiniano Mendel	Ivani Lucia Aparecida Breda	Psicóloga escolar coordenadora de 1ª à 4ª série	São Paulo	SP
25	Colégio D. Bosco	Gilda Luck	Coordenadora	Curitiba	PR
26	Colégio Ypiranga	Sonia e Lucia	Diretoras	Petrópolis	RJ
27	Colégio Cunha Melo	Edna Cristina P. Sávio	Coordenadora de 5ª à 8ª série e Ensino Médio	Rio Janeiro	RJ
28	Colégio Objetivo	Cleusa Mochioti Silva	Diretora	Maringá	PR
29	Colégio Conviver	Maria Teresa	Diretora	Recife	PE
30	Universidade Luterana do Brasil	Carmem Freitas	Professora e psicóloga clínica	Porto Alegre	RS
31	Colégio Pueri Domus Unidade Jardim	Lourdes Bolgheroni	Coordenadora de eventos	Santo André	SP
32	Colégio Pueri Domus Unidade Petrópolis	Ricardo Gaspar	Diretor geral	São Paulo	SP

No.	INSTITUIÇÃO	PROFISSIONAL	CARGO	CIDADE	ESTADO
33	Colégio Marista	Tânia M. Leiros Cavalcanti Mª Glória Navarro Guedes	Vice-diretora Coordenadora de arte e cultura	Natal	RN
34	Colégio Boa Viagem	Ana Paiva	Psicóloga	Recife	PE
35	Escola Madre de Deus	Josiane Golin Christiana Cruz	Psicóloga Supervisora	Recife	PE
36	Núcleo Educativo Monteiro Lobato	Maria Dolores M.G. Caixeta	Diretora	Araxá	MG
37	Colégio Anglo	Marcos Z. Paniago	Diretor	Divinópolis	MG
38	Instituto Pio XI	Isabel Cristina dos Santos	Psicóloga	Rio de Janeiro	RJ
39	Instituto Dom Barreto	Marcílio F. Rangel de Farias Janaína Teles	Diretor Professora de informática	Teresina	PI
40	Colégio Marista de Brasília	Cristina M. Del'isola Jessiana Ramalho F. Araujo	Assessora cultural Auxiliar de núcleo	Brasília	DF
41	Colégio Coração de Jesus	Dinarte Negrão Jr.	Diretor	Cuiabá	MT
42	Colégio Sagrado Coração de Maria	Mércia Campos Almeida	Supervisora	Belo Horizonte	MG
43	Sociesc	Cristiane Alida Colin Correa	Assessora de direção	Joinville	SC

No.	INSTITUIÇÃO	PROFISSIONAL	CARGO	CIDADE	ESTADO
44	Rede MV1	José Carlos Portugal	Diretor	Rio de Janeiro	RJ
45	Colégio Ábaco	Rodolfo Saad / Néli Figueira	Diretor administrativo / Assistente de Direção	São Bernardo do Campo	SP
46	Colégio Crescimento	Ariadne / Caroline Longo	Diretora / Coordenadora	São Luís	MA
47	Colégio Macedo Soares	Virgínia M. Nardeli	Diretora	Volta Redonda	RJ
48	Centro Educacional Atual	Márcia Cristina Mendes S. Souza	Diretora	Macapá	AP
49	Colégio Cirandinha	Ma. Elizabeth Góis Mello / Vitória Lúcia C. Silva	Diretora / Coordenadora	Belém	PA
50	Instituto Evangélico Nova Hamburgo	Osvino Toillier	Diretor	Novo Hamburgo	RS
51	Escola Criarte	Miriam Sócrates	Diretora	Brasília	DF
52	SME Belford Roxo	Dilcelina da Silva Faria	Coordenadora de Educação	Belford Roxo	RJ
53	Colégio Módulo	José Lúcio Alves Costa	Diretor	Aracaju	SE
54	Associação das Escolas Católicas/AEC	Simone Zampier	Diretora	Curitiba	PN

No.	INSTITUIÇÃO	PROFISSIONAL	CARGO	CIDADE	ESTADO
55	Colégio Marista de Palmas	Valquíria Moreira Rezende	Diretora	Palmas	TO
56	SME de Araruama	Marley Carvalho Nunes Terra	Diretora do Departamento de Ensino	Araruama	RJ
57	SME de Cabo Frio	Celma Rosa de Mello Ramos	Diretora do Departamento de Ensino	Cabo Frio	RJ
58	SME de Duque de Caxias	Myriam Medeiros da Silva	Coordenadora de Educação	Duque de Caxias	RJ
59	Centro Integrado de Educação/ CIEC	Berenice Magalhães Martins	Diretora	Manaus	AM
60	Escola Jardim	Raimundo Aldo Siqueira	Diretor	Macapá	AP

ANEXO 8

Referências bibliográficas

Bourdieu, P. *Sobre a televisão*. Rio de Janeiro: Jorge Zahar, 1997.

Conselho Nacional de Educação, Câmara de Educação Básica, *Resolução nº 1*. Brasília, 2003.

Carmona, B., Zagury, T. et al. *O desafio da TV pública: uma reflexão sobre sustentabilidade e qualidade*. Rio de Janeiro: ACERP-TVE Brasil, 2003.

CEE. *Parecer nº. 67/98*, CEF/CEM, 1998.

Ferreiro, E. *Reflexões sobre alfabetização*. São Paulo: Cortez, 1989.

Freire, P. *Pedagogia da autonomia: Saberes necessários à prática educativa.* São Paulo: Paz e Terra, 1996.

Gadotti, M. *Pensamento pedagógico brasileiro*. São Paulo, Ática, 1998. Golleman, D. *Inteligência emocional.* Rio de Janeiro: Objetiva, 1995.

Gottman, J. *Inteligência emocional e a arte de educar nossos filhos.* Rio de Janeiro: Objetiva, 1997.

Guillou S. *Comment va-t-il apprendre à lire?* Paris: Milan, 1999.

Illich, I. *Sociedade sem escolas*. Petrópolis: Vozes, 1970.

Jacob, C. *Peut-on encore élever ses infants?* Paris: Fleurus-Mame, 2000.

Libâneo. J. C. *Democratização da escola pública: A pedagogia crítico-social dos conteúdos.* São Paulo: Loyola, 1985.

Lei nº 9.394, de 20 de dezembro de 1996, DOU 23-12-1996.

Luzuriaga L. *História da educação e da pedagogia.* São Paulo: Nacional, 1978.

Maquiavel. N. *O príncipe.* Rio de Janeiro: Paz e Terra, 1996.

MEC, CNE. Parecer 28/2001. DF, 2001.

MEC, Gabinete de Avaliação Educacional, Organização para a Cooperação e o Desenvolvimento Econômico, GAVE/OCDE. Programme for International Student Assessment. *Resultados do estudo internacional PISA 2003.* Brasília, 2004.

MEC, Instituto Nacional de Estudos e Pesquisas Educacionais Anísio Teixeira. *Estatísticas dos professores no Brasil.* Brasília, 2003.

MEC, Inep, *Sinopse da educação básica,* Brasília, 2003.

MEC, Inep, *Pesquisa nacional qualidade da educação: a escola pública na opinião dos pais.* Brasília, 2005.

Mello, G. N. *Magistério de 1º grau: da competência técnica ao compromisso político.* São Paulo: Cortez Autores Associados, 1981.

Milhollan, F. *Skinner x Rogers: Maneiras contrastantes de encarar a educação.* São Paulo: Summus, 1978.

Montessori, M. *Montessori em família.* Portugal: Portugália.

Morel. G.& Tual-Loizeau D. *Petit vocabulaire de la déroute scolaire.* Paris: Ramsay. 2000.

Oliveira, M. K. *Vigotski.* São Paulo: Scipione, 1998.

Oliveira. M. D. & Oliveira. D. *A vida na escola e a escola na vida.* Petrópolis: Vozes. 1984.

Piaget, J. *A epistemologia genética.* Petrópolis: Vozes, 1972.

Plank, D.N. *Política educacional no Brasil: Caminhos para a salvação pública.* Porto Alegre: Artmed, 2001.

Puente, M. *Tendências contemporâneas em psicologia da motivação.* São Paulo: Cortez/Autores Associados, 1982.

Rauzy, J. B. & Jafrro, L. *L'école désceuvrée: La nouvelle querelle scolaire.* Paris: Flammarion, 2000.

Rey, B. *As competências transversais em questão.* Porto Alegre: Artmed, 2002.

Rogers, C. *Tornar-se pessoa.* Lisboa: Moraes, 1973.

Saviane, D. *Educação: do senso comum à consciência filosófica.* São Paulo: Cortez, 1980.

Serafín A. et al. *Disciplina e convivência na instituição escolar.* Porto Alegre: Artmed, 2002.

Steiner, G. *Lições dos mestres,* Rio de Janeiro: Record, 2005.

Vigotski, L.S. *Pensamento e linguagem.* São Paulo: Martins Fontes, 2000.

Whitaker, R. S. & Sampaio, F. *Freinet.* Sao Paulo: Scipione, 1994.

Zagury, T. *Educação em Cuba: Impressões de uma educadora brasileira.* São Paulo: Brasiliense, 1988.

——. *Sem padecer no paraíso: em defesa dos pais ou sobre a tirania dos filhos.* Rio de Janeiro: Record, 1991.

——. *Educar sem culpa: a gênese da ética.* Rio de Janeiro: Record, 1993.

——. *O adolescente por ele mesmo.* Rio de Janeiro: Record, 1996.

——. *Encurtando a adolescência.* Rio de Janeiro: Record, 1999.

——. *Limites sem trauma: Construindo cidadãos.* Rio de Janeiro: Record, 2000.

——. *Escola sem conflito: Parceria com os pais.* Rio de Janeiro: Record, 2002.

——. *Os direitos dos pais: Construindo cidadãos em tempos de crise.* Rio de Janeiro: Record, 2004.

Este livro foi composto na tipologia
Syndor ITC Book, em corpo 12/15,5, e impresso
em papel off-white 80g/m² no Sistema Cameron
da Divisão Gráfica da Distribuidora Record.

Seja um Leitor Preferencial Record
e receba informações sobre nossos lançamentos.
Escreva para
RP Record
Caixa Postal 23.052
Rio de Janeiro, RJ – CEP 20922-970
dando seu nome e endereço
e tenha acesso a nossas ofertas especiais.

Válido somente no Brasil.

Ou visite a nossa *home page*:
http://www.record.com.br